Simon Reinhard

DEFINITIONEN STRAFRECHT – SCHNELL GEMERKT

durch Techniken vom Gedächtnismeister

Druck: Schleunungdruck GmbH,
Eltertstraße 27, 97828 Marktheidenfeld

Simon Reinhard, Definitionen Strafrecht – schnell gemerkt
4. Auflage 2014

Mergentheimer Str. 44
97082 Würzburg
Tel.: 09 31 / 79 78 2-30
Fax: 09 31 / 79 78 2-34
verlag@hemmer.de
Internet: www.hemmer-shop.de

Printed in Germany
ISBN: 978-3-86193-288-8

Hillenkamp AT	Thomas Hillenkamp 32 Probleme aus dem Strafrecht. Allgemeiner Teil
Hillenkamp BT	Thomas Hillenkamp 40 Probleme aus dem Strafrecht. Besonderer Teil
Joecks	Wolfgang Joecks Studienkommentar StGB
Diehn, Strafrecht 1	Thomas Diehn Streitstände kompakt: Strafrecht 1 Allgemeiner Teil
Diehn, Strafrecht 2	Thomas Diehn Streitstände kompakt: Strafrecht 2 Besonderer Teil

EINFÜHRUNG

I. Wer lernt schon gerne Definitionen …

Das Lernen strafrechtlicher Definitionen (und von Definitionen im Allgemeinen, doch nirgendwo sind sie so zahlreich wie in diesem Rechtsgebiet) kann wohl eher zum leidigen Teil jedes Studentenlebens gezählt werden.

Weshalb?

Weil man sich damit konfrontiert sieht, eine schwer überschaubare Zahl zum Teil recht langer Satzgebilde mit einem hohen Grad an Exaktheit wiederzugeben. Dies ist eine eher unjuristische Tätigkeit, geht es doch sonst um das Verstehen der Zusammenhänge eines Rechtsgebietes, um Auslegung der Gesetze nach ihrem Sinn und um die „Komposition" einer angemessenen, vollständigen Klausurlösung.

Die Monotonie des Definitionenlernens fügt sich da nicht wirklich harmonisch ein, und wohl nur die wenigsten können behaupten, alle wichtigen Definitionen einfach im Vorbeigehen, während der Beschäftigung mit dem Herzstück der Ausbildungstätigkeit, der Falllösung, gelernt zu haben.

So setzt man sich also hin und wiederholt zwar gebetsmühlenartig, aber ohne den echten Enthusiasmus eines buddhistischen Mönchs die verwinkelten Sätze, bis man endlich halbwegs darauf vertrauen kann, das Gebilde habe sich in der Erinnerung verfestigt (Was sich in der Klausur oft als Trugschluss herausstellt.).

Um sich zu erholen, liest man vielleicht ein Buch, sieht sich einen guten Film an oder spricht mit Freunden über das eine oder das andere.

Interessanterweise ist dies deshalb so entspannend, weil man sich eben nicht bemühen muss, die Handlung eines Buches oder die Szenen eines Filmes im Gedächtnis zu behalten. Es wirkt eher geistig stimulierend und wird wie von selbst zu einem festen Teil der Erinnerung.

So sollte es auch mit den leidigen Definitionen sein …

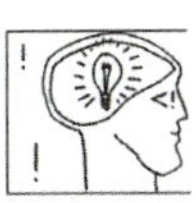

Und hier setzt dieses Buch an: Es verwendet Geschichten.

II. Geschichten?

1. Ziel und Methode des Buches

Dieses Buch hat ein klares Ziel und verfolgt es mit einer bestimmten Methode:

Das Ziel ist es, dem Lernenden das Einprägen und insbesondere das Erinnern der vielen strafrechtlichen Definitionen zu erleichtern.

Die Methode, um dieses Ziel zu erreichen, ist die, aus den Definitionen lebhafte Geschichten zu machen, die sich fast von selbst einprägen.

Man fragt sich vielleicht nicht nur, wie man aus Definitionen Geschichten erstellen will, sondern vor allem, was dies dazu beitragen soll, sich diese Definitionen zu merken. Dass dies über den Weg einer Geschichte sogar noch leichter gehen soll, stößt gewiss bei vielen auf Skepsis.

Und doch: Es funktioniert. Dass es möglich ist, sich mit Hilfe von Geschichten die verschiedensten Arten von Informationen einzuprägen, weiß ich nicht nur aus meinen Erfahrungen bei regelmäßig stattfindenden Gedächtnismeisterschaften[1], sondern insbesondere auch aus der eigenen Anwendung dieser Techniken im Rahmen meines Studiums, Referendariats und Berufs[2].

2. Erfolgreiche „Testphase“

Weil ich erst sehen wollte, ob die Effektivität der Technik für mich nicht nur daran liegt, dass ich eben ihre Anwendung gewöhnt bin, habe ich Auszüge aus diesem Buch einigen meiner Bekannten, die alle keinerlei Erfahrung mit den Techniken hatten, sich aber gerade in der eifrigen Vorbereitung auf ihre kleinen Scheine befanden, zu lesen gegeben und sie so viele der Definitionen das erste Mal lernen lassen.

Das einhellige „Feedback“ war, dass sie sich, nach sehr kurzer Eingewöhnungszeit, an nahezu alle Definitionen perfekt und schnell erinnern konnten. Für mich war diese Rückmeldung wichtig und sehr erfreulich. Ich hatte nämlich befürchtet, dass sich gerade Leute, die mit den Techniken nicht vertraut sind, doch ein wenig schwerer tun würden. Glücklicherweise war dies nicht der Fall.

---

1 Mehrfacher Weltmeister in Einzeldisziplinen; mehrfacher Weltrekordhalter (z.B. Einprägen der Reihenfolge eines 52er-Kartenspiels in 22 s); Deutscher Meister 2009.

2 Im ersten und zweiten Examen jeweils unter den besten 7,5 % des Jahrgangs; 16 Punkte in einer der beiden Strafrechtsklausuren im 2. Examen (Schnitt im Strafrecht 13,00); heute tätig in einer Münchener Großkanzlei im Immobilienrecht und gewerblichen Mietrecht.

Dies zeigt: Wer sich auf die Methode einlässt und eine eventuell bestehende anfängliche Reserviertheit ablegt, wird nicht nur das erreichen, was der Zweck dieses Buches ist, nämlich in der Lage sein, sich zuverlässig an diese Definitionen zu erinnern, sondern er wird auch ein Lernwerkzeug erhalten, das flexibel und erfolgreich auf anderen Stoff angewandt werden kann.

Interessant ist auch, dass gerade die Personen, die nach eigener Aussage in Prüfungen oft Gefahr liefen, „blackouts" zu erleiden, mir berichtet haben, dass sie sich trotzdem auch in einer „blackout"-Situation an nahezu alle der Geschichten erinnern konnten. Viele bekamen sogar gerade über diesen „sicheren Anker" auch wieder ihre Aufregung in den Griff.

3. Ein Beispiel zur Erläuterung der Methode

Dem Leser wird nun die Methode des Buches zunächst an einem Beispiel ausführlich und Schritt für Schritt erklärt werden, damit er auch den Prozess bei der Erstellung einer solchen Geschichte nachvollziehen kann.

Bei den Geschichten des längeren ersten Kapitels werden weitere erklärende Anmerkungen gegeben, insbesondere dazu, welche Verbindung zwischen den Bildern der Geschichten und den Stichworten der Definition besteht. Dies soll den Leser noch mehr mit der Methode vertraut machen.

Doch nun möchte ich mit dem ersten Beispiel beginnen und daran die ja schon oft angesprochene „Methode" auch darstellen, um eine gute Idee von ihrer Anwendung zu vermitteln.

Nehmen wir die Definition des Begriffs „Überfall":

Überfall ist jeder plötzliche, unerwartete Angriff auf einen Ahnungslosen.

Welche Elemente benötigt man, um sich die Definition wieder herleiten zu können?

Grundsätzlich wohl „plötzlich", „unerwartet", „Angriff" und „Ahnungsloser".

Nun die Geschichte:

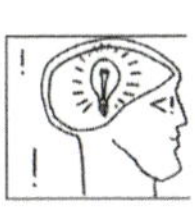

Der geplatzte Scheck

Der erboste Bankkunde läuft, den geplatzten Scheck in der Hand, durch die Haupthalle der Bank, vorbei an allen Warteschlangen. Mit geballter Faust klopft er gegen die Bürotür des Filialleiters, reißt sie gleich auf und hält diesem den Scheck unter die Nase. Der Filialleiter zuckt nur erschrocken mit den Schultern, weil er sich das auch nicht erklären kann.

Eine kleine Szene, wie man sie in einem Film oder auch im Leben erwarten kann.

Vielleicht haben einige Leser ja die Elemente der Definition schon entdeckt. Es sind:

- ⇨ Der geplatzte Scheck = plötzlich
- ⇨ Die Warteschlangen = unerwartet
- ⇨ Klopfen mit geballter Faust = Angriff
- ⇨ Schulterzuckender = Ahnungsloser

Und dies ist die Methode.

Wir verwenden also eine Art Code, der aber sehr intuitiv und einfach ist und leicht wieder zurückübersetzt werden kann. Dies geschieht deshalb, weil die Stichworte innerhalb der Definition meist nichts weiter sind als eine lange Reihe von Worten. Natürlich kann man lange Reihen von Worten durch ständige Wiederholung lernen, es ist aber anstrengend und in seiner Stupidität auch, wie oben schon festgestellt, recht demotivierend.

Dieselben Stichworte, als Bilder in eine Geschichte eingebettet, gewinnen aber eine ganz andere Qualität. Sie erhalten durch die Loslösung aus der Abstraktion eine neue Lebendigkeit, die es wesentlich einfacher macht, sich mit ihnen zu beschäftigen[3].

Außerdem stellen sie nun nicht mehr Glieder einer gleichförmigen Kette dar, sondern sind in der Geschichte Teil eines Organismus. Organismus deshalb, weil in einer guten Geschichte das Geschehen durch einen gemeinsamen Sinn, ein gemeinsames Thema zusammengehalten wird. Dieser Sinn war hier die Wut des Bankkunden, die sich nicht nur im Hochhalten des Schecks, sondern auch im Stürmen durch die Haupthalle, im wilden Klopfen an die Tür und im erbosten Blick auf den mit den Schultern zuckenden Filialleiter manifestierte.

Welchen Vorteil hat es für die Stichworte, Teil eines solchen Organismus zu sein? Einen ganz einfachen: Erinnert man sich auch nur an einen Teil der Geschichte, erinnert man sich meist an die gesamte Geschichte[4].

---

[3] Wer stöbert nicht lieber in seiner Filmbibliothek als in einer mathematischen Formelsammlung?

[4] Dies ist ein fundamentaler Unterschied zur reinen Definition, bei der einem das Wort „plötzlich" noch lange nichts darüber verraten würde, was denn nun genau „plötzlich" passiert.

Wie wäre dies zum Beispiel bei der Geschichte mit dem Bankkunden?

Man steht vor der Herausforderung, die Definition von „Überfall" niederzuschreiben. Die Geschichte hat man gelesen, erinnert sich nun aber zunächst nur noch an den Teil, in dem ein erboster Mann durch eine Halle läuft. Was für eine Halle ist es? Ah, man sieht es genauer: Schalter, Warteschlangen, eine Bankhalle!

Jetzt fällt es einem auch wieder ein, dass der Mann, mit dem schicksalshaften Scheck in der Hand, die Treppe heraufgestürmt kam, und spätestens jetzt weiß man auch, wohin er läuft, auf wen er dort trifft und was das alles bedeutet. Zack – zack – zack, und man schreibt etwas von einem plötzlichen, unerwarteten Angriff auf einen Ahnungslosen. Nächste Definition, weiter im Sachverhalt.

Nun ist es sicher ohne Übung nicht einfach, sich zu jeder Definition eine solche Geschichte auszudenken, und deswegen habe ich diese Arbeit im vorliegenden Buch dem Leser abgenommen.

Es steht jedem natürlich vollkommen frei, statt der hier präsentierten Geschichten eigene zu verwenden oder die vorgegebenen abzuändern. Insofern begreifen sich die Kurzerzählungen dieses Buches nur als Vorschläge und auch als Beispiele zur Erstellung eigener Szenen.

Trotzdem sind alle hier vorgestellten Geschichten in sich ausreichend, um mit ihrer Hilfe eine sichere Kenntnis aller in strafrechtlichen Klausuren und im Examen verlangten Definitionen zu erlangen.

III. Zum Aufbau: Terminus, Definition, Geschichte, Anmerkung, Problem

In formaler Hinsicht wird stets zuerst der zu definierende Terminus angegeben, danach eine hierfür übliche und akzeptierte Definition. Es folgt die zur leichteren Einprägung und Wiederholung mit einer Überschrift betitelte Geschichte. Im Anschluss wird, anfangs noch etwas ausführlicher und erklärender, angegeben, welche Elemente der Geschichte für die Stichworte der Definition stehen.[5] Nach den ersten Kapiteln werden dann nur noch die Elemente der Definition genannt, gefolgt von einem Doppelpunkt und dem zum Element gehörigen Definitionsstichwort.

[5] Nach den ausführlicheren Erklärungen der ersten Kapitel folgt dort je noch ein Punkt „Wiederholung", der die bedeutsamen Elemente der Geschichte noch einmal aufzählt. In den späteren Kapiteln wird wegen der dortigen klaren Gegenüberstellung von Geschichtenelement und Bedeutung auf den Punkt „Wiederholung" verzichtet.

Es folgt, wo angebracht, ein Hinweis auf eine typische, vor Nennung der Definition zu diskutierende[6] oder nach Nennung der Definition als Sonderfall erwähnenswerte[7] Problemstellung. In einer Fußnote werden dann Fundstellen zur Vertiefung dieser Diskussionsfelder angegeben. Dass sich diese Fundstellen nur auf eine vergleichsweise geringe Auswahl an Literatur beschränken, hat seinen Grund darin, dass ich die angegebenen Werke als ausreichend für eine anfängliche Beschäftigung erachte. Zur Vertiefung beinhalten aber auch sie Nachweise auf noch ausführlichere Darstellungen.[8]

Oft sind im Anschluss daran auch noch Anmerkungen vorhanden, die entweder auf Rechtliches eingehen, den genauen Zusammenhang zwischen einem Bild und seinem Stichwort erklären oder zusätzliche technische Hinweise zu Feinheiten der Methode und zur Erstellung eigener Geschichten geben.

IV. Die Anwendung der Methode

1. Grundsätzliches Vorgehen

Def. ⇨

Im Rahmen der Anwendung wird empfohlen, zuerst die Definition selbst ein oder auch mehrere Male entspannt durchzulesen, weil nur so die in den Elementen enthaltenen Stichworte ihren Zweck erfüllen können, nämlich den, die Erinnerung an die gesamte, bereits bekannte Definition auszulösen.

Man sollte schon dabei ein gewisses Gewicht auf die fett markierten Stichworte legen, welche die Hauptelemente der jeweiligen Geschichte sein werden. Ist man mit der Definition hinreichend vertraut, geht man zur Geschichte selbst über, deren Verlauf man sich möglichst lebhaft vorstellt. Dies sollte nicht angestrengt erfolgen, sondern ebenso zwanglos wie das Betrachten der Szene eines Kinofilms.

---

6 Wie etwa beim Begriff der „Heimtücke“ die Frage, wie das Merkmal restriktiv ausgelegt werden kann. Die Definition stellt dann nur noch das Ergebnis dieser Diskussion dar.

7 Als Beispiel ist das Problem der „Beihilfe bei neutralem Alltagsverhalten“ zu nennen: Hier kann die Definition unmittelbar genannt werden, das Problem ist aber insofern bedeutsam, weil es einen Sachverhalt behandelt, der bei unbefangenem Subsumieren ohne Schwierigkeit unter die Definition gefasst werden könnte.

8 Nach meiner Ansicht ist es nicht Sinn einer lerneffektiven Fundstellenangabe, dass vom Leser erwartet wird, sich nun sechs, sieben oder mehr Einzelwerke zu holen und turmhoch auf seinem Schreibtisch zu stapeln, um letztlich einmal aus diesem, einmal aus jenem etwas zu einem Problem nachschlagen zu können. Gerade Werke wie die von Joecks, Hillenkamp und Diehn bündeln im Gegensatz dazu die gängigsten Problemdarstellungen zur schnellen Nachlese.

Als nächstes verdeutlicht man sich durch das Lesen der Erläuterung, für welche Stichworte der Definition die Elemente der Geschichte stehen. Es empfiehlt sich jetzt als vorletzten Schritt, noch einmal schnell von oben nach unten die erläuterten Bilder durchzugehen und so die Geschichte selbst ein letztes Mal zu wiederholen[9]. Ist dies getan, hält man kurz inne und geht alles noch einmal geistig durch.

Dann kommt der entscheidende Teil: Man deckt die Seite ab und versucht, sich an die Definition mithilfe der gerade gesehenen Geschichte zu erinnern.

2. Drei mögliche Schwierigkeiten bei der Erinnerung

Der Leser wird vielleicht, insbesondere anfangs, die Erfahrung machen, dass er die gewünschte Definition nicht oder nicht vollständig herleiten kann. Dies kann drei Hauptursachen haben, auf die hier eingegangen wird:

Man erinnert sich nicht mehr vollständig an die Geschichte, man weiß nicht mehr genau, wofür die einzelnen Bilder der Geschichte stehen oder man kann aus den Stichworten nicht mehr die ganze Definition herleiten.

Die erste Schwierigkeit überwindet man, indem man die Geschichte noch einmal betrachtet und sich ihren Ablauf vergegenwärtigt. Man kann stets erkennen, wie die Elemente der Geschichte ineinander greifen und sich zu einer Handlung ergänzen. Eher abstrakte Teile der Geschichte wie Gedanken oder Gefühle kann man konkretisieren und verbildlichen, indem man die Szenen plakativ und comichaft ergänzt, zum Beispiel eine große Gedankenblase mit einer eigenen kleinen Szene darin als Darstellung geschilderter innerer Ideen und Vorstellungen der Personen.

Die zweite Schwierigkeit kann man bewältigen, indem man genau betrachtet, welche Verbindung zwischen dem Element der Geschichte und dem Stichwort besteht, wieso also gerade dieses Bild für das Wort gewählt wurde. Klingen die Bezeichnungen für Bild und Wort ähnlich? Ist das Bild ein Symbol für das Wort? Ist das Wort ein Teil des Bildes? Usw.

Es wird bei jedem Bild schnell klarwerden, weshalb es gewählt wurde, die genaue Beschäftigung mit der Verbindung stärkt die Erinnerung.

Die letzte Schwierigkeit ist die geringste: Man liest sich die Definition selbst noch einmal durch, achtet auf den Satzbau und auf den Sinnzusammenhang. So stehen bei längeren Definitionen nach kurzer Zeit die Stichworte jeweils für einen Satzteil und die einzelnen Haupt- und Nebensätze ergeben wie von selbst die gesamte Definition.

9 In den ersten Kapiteln erfüllt diesen Zweck der Punkt „Wiederholung“. Dieser taucht bei einigen längeren Geschichten auch später wieder auf.

3. Markieren der Worte im Gesetz und Lernen mit geöffnetem Gesetz

Es ist von Vorteil, im Gesetz selbst die Seite mit dem zu definierenden Wort aufgeschlagen zu haben, während man sich mit der dazugehörigen Geschichte befasst. Hierdurch entsteht eine gewisse Verbindung, was in der Klausur beim Betrachten des Wortes im Gesetztext die Erinnerung an das Einprägen der dazugehörigen Geschichte erleichtert und somit die gesamte Herleitung der Definition weiter unterstützt. Dieser Effekt wird noch dadurch verstärkt, dass der Leser jedes zu definierende Wort unterstreicht.

4. Abschließender Rat

Die Arbeit mit der Methode wird erfahrungsgemäß umso besser und leichter gehen, je schneller man eine etwaige anfängliche Skepsis ablegt und es einfach versucht. Der Aha-Effekt wird, wie es mir mehrmals geschildert wurde, nicht lange auf sich warten lassen.

Aber nun viel Erfolg bei der Arbeit mit diesem Buch und beim weiteren juristischen Werdegang!

Bei Fragen zur Anwendung der Geschichten und zu einzelnen von ihnen, bei Anregungen und Anmerkungen stehe ich gerne unter sml_reinhard@yahoo.de zur Verfügung.

Mein Dank gilt allen, die bei der Entstehung dieses Buches geholfen haben, und allen, die in Zukunft durch ihre Vorschläge und Ideen dazu beitragen werden, es noch zu verbessern.

Simon Reinhard

I. DEFINITIONEN DES ALLGEMEINEN TEILS

1. Kausalität, Zurechnung und Vorsatz

1.1 Ursächlich

Def. ⇨ Ursächlich i.S.d. Strafrechts ist jede Bedingung, die nicht **hinweggedacht** werden kann, ohne dass der tatbestandsmäßige **Erfolg** in seiner **konkreten Gestalt** entfiele.

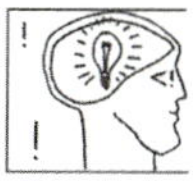

Der Tod nach dem Schuss

Ein Streit. Der Täter tötet das Opfer mit einem Schuss in die Brust. Entsetzt über die Tat *stellt er sich vor, er hätte nicht abgedrückt* und das Opfer würde noch leben. Ganz bleich, entfernt er sich eilig. *Die Leiche* als Ergebnis seiner Tat liegt noch am Tatort, der *Einschuss* befindet sich *genau links neben dem Brustbein*.

Noch einmal zur Anwendung der Methode:

Es geht, wie bereits in der Einführung dargestellt, darum, dass jede Definition mittels einiger entscheidender Stichwörter wieder hergeleitet werden kann. Diese Stichwörter sind immer fett markiert.

Die Stichwörter wiederum sind in symbolischer Form, als Bilder, Teil der Geschichten. Die Geschichte merkt man sich zwanglos, wie die Handlung eines Kinofilms oder eines Buches. Wofür die einzelnen Bilder stehen, erläutere ich, wie gesagt, immer im Anschluss an die eigentliche Geschichte.

Die Elemente der Geschichte haben immer eine Art von „Ähnlichkeit“ mit dem Stichwort, für das sie stehen. So sind sie leicht zu erinnern.

Wichtig ist, dass nicht versucht wird, die Geschichte stur Wort für Wort auswendig zu lernen! Sie dient nur der Schilderung des Geschehens, der Einbettung der Bilder in einen visuellen Zusammenhang. Ziel ist allein, durch diesen Zusammenhang alle Bilder vor dem inneren Auge entstehen zu lassen. Wenn der Leser mit der Zeit seine eigenen Worte findet, um dieses Geschehen, diese Interaktion der Bilder hervorzurufen, dann entspricht dies genau dem Zweck dieses Buches.

Bei den ersten Definitionen wird, wie in der Einführung schon erwähnt, noch ein wenig ausführlicher und zum Teil auch erklärend geschildert, welche Bilder für welche Stichworte stehen, damit der Leser ein Gefühl für diese Symbolik entwickeln kann. Sehr oft ist es aber auch für den Anfänger schon intuitiv erkennbar, weshalb dieses Bild für jenes Stichwort stehen soll. Nach einiger Zeit erfolgt die Erklärung nur noch in Form einer reinen Gegenüberstellung von Bild und Stichwort.

Erläuterung der Geschichte:

Die Wunschgedanken vom unterbliebenen Schuss stehen für das *Hinwegdenken der Ursache*.

Die Leiche selbst, wie sie daliegt, ist das Ergebnis des Handelns und erinnert an den *tatbestandsmäßigen Erfolg*. Der genaue Blick auf den Ort des Einschusses stellt dar, dass es auf den Erfolg in seiner *konkreten Gestalt* ankommen muss (Dieses Element wird gerne bei der Wiedergabe der Definition vergessen. Der Vorteil der Geschichte, des bildlichen Heranzoomens an dieses Element des Beispielsfalles, ist folgender: Man sieht den Punkt „konkrete Gestalt“ als festes Element der Definition.)

Wiederholung:

Der Schuss, die Gedanken des Täters, die liegende Leiche und das genaue Bild des Einschusses.

1.2 Objektive Zurechnung

Def. ⇨ Objektiv zurechenbar ist ein Erfolg dann, wenn der Täter eine **rechtlich relevante Gefahr** geschaffen hat, die sich im **tatbestandsmäßigen Erfolg** realisiert.

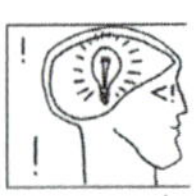

Der wilde Autofahrer

Unterwegs in der Stadt. Er beachtet das *Geschwindigkeitsschild* nicht und *weicht* an der Kreuzung *nur knapp* einem Lastwagen *aus*. Dieser *rammt einen Fußgänger*, der daraufhin mit verletztem Bein auf dem Gehweg liegt.

Erläuterung:

Das Geschwindigkeitsschild steht für das *rechtlich Relevante*, das knappe Ausweichen vor dem Lkw deutet die *Gefahr* an. Der Zusammenstoß des Lkw mit dem Fußgänger ist der *tatbestandsmäßige Erfolg* (hier § 229 StGB).

Wiederholung:

Das Verkehrsschild, das Ausweichen und der Zusammenstoß mit dem Fußgänger.

1.3 Eventualvorsatz

Def. ⇨ Dieser liegt vor, wenn der Täter es **ernstlich für möglich hält** und **sich damit abfindet**, dass sein Verhalten zur Verwirklichung des gesetzlichen Tatbestandes führt.

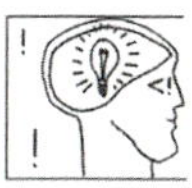

Der Autofahrer an der Kurve

Er ist noch 100 Meter von der unübersichtlichen Rechtskurve entfernt und er sieht das Gedenkkreuz vor der Biegung. Sein Fuß drückt aber trotzdem das Gaspedal herunter und er beschleunigt weiter.

Erläuterung:

Das Sehen des an den Tod mahnenden Gedenkkreuzes meint das *ernstlich für möglich Halten*. Das Betätigen des Gaspedals trotz dieses Wissens erinnert an das *sich damit Abfinden*.

Anmerkung: Bei vielen Definitionen ist in der Klausur, wie bereits in der Einführung angesprochen, noch die Diskussion eines Streitstandes notwendig vorgelagert oder angeschlossen. Der Hinweis auf derartige Diskussionen mit weiteren Fundstellen erfolgt stets nach Definition, Geschichte und Erläuterung.

Problem:

„Abgrenzung von Eventualvorsatz und bewusster Fahrlässigkeit?“[10]

Wiederholung:

Der Blick auf das Gedenkkreuz und der Tritt auf das Gaspedal.

[10] Hillenkamp AT, Problem Nr. 1; Joecks, § 15 Rn. 11 ; Diehn, Strafrecht 1, Streitstand 9.

2. Irrtümer und Fehlverläufe

2.1 Error in obiecto vel persona

Def. ⇨ Dies sind **Fehlvorstellungen**, die sich auf die **Identität** oder sonstige Eigenschaften des Tatobjekts oder der betroffenen Person beziehen.

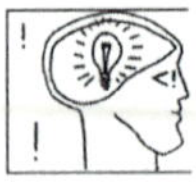

Jäger im Pech

Ein übelmeinender Mörder lauert seinem Nachbar im Wald auf. Er sieht jemanden in der Ferne, schießt und trifft: Es war aber nur der Jäger mit seinem Jägerhut. Er hatte auf seinem Hochsitz über den Wald gewacht.

Erläuterung:

Beim Schuss auf den Jäger (Bei dem ihn auszeichnenden Hut) denkt man an die *Fehlvorstellung* des Schützen über die *Identität* des Zieles. Der Hochsitz als beigeordneter Gegenstand kann noch als Symbol dafür gesehen werden, dass sich der Irrtum auch auf *Objekte* (Unter anderem in Fällen des § 303 StGB) beziehen kann.

Probleme:

1. „Abgrenzung von error in persona und aberratio ictus, wenn der Täter das Opfer nicht selbst sinnlich wahrnimmt?"[11]

2. „Folgen eines error in persona vel obiecto des Haupttäters für den Anstiftervorsatz?"[12]

Wiederholung:

Der Schuss auf den Jäger und der Hochsitz

2.2 Fehlgehen der Tat

Def. ⇨ Dabei handelt es sich um Sachverhalte, bei denen der Täter seinen Angriff auf ein **bestimmtes**, von ihm **individualisiertes Tatobjekt lenkt**, dieser Angriff jedoch **fehlgeht** und ein anderes Objekt trifft, das der Täter **nicht anvisiert** hatte und gar **nicht verletzen wollte**.

---

[11] Diehn, Strafrecht 1, Streitstand 13.

[12] Hillenkamp AT, Problem Nr. 26; Joecks, § 26 Rn. 26; Diehn, Strafrecht 1, Streitstand 15.

Die Schneeballschlacht

Der Schütze nimmt den eisigen Schneeball in die Hand und sieht sein Ziel, den Jungen auf der anderen Seite der Straße. Er zeigt, mit dem Finger genau diesen anvisierend, auf ihn und wirft. Er verfehlt ihn aber. Der Schneeball trifft vielmehr ungewollt seinen Freund fünf Meter dahinter am See und bringt ihm eine Wunde am Kopf bei. Der Schütze läuft schnell zu ihm und erkundigt sich, wie es dem Getroffenen geht.

Erläuterung:

Der eine Junge, das Ziel, steht dafür, dass es um ein *bestimmtes* Ziel gehen muss. Der zeigende Finger bedeutet die *Individualisierung* durch den Täter selbst. Das *Fehlgehen* versteht sich von selbst. An den Umstand, dass der Täter das getroffene Objekt *nicht anvisiert* haben darf, erinnert hier die Tatsache, dass genau der Ungewollte getroffen wurde.

Beim Heraneilen und sich Erkundigen nach dem Befinden denkt man daran, dass der Täter bei der aberratio ictus das getroffene Objekt auch *nicht verletzen wollte*.

Anmerkung: Entscheidendes Element bei der aberratio ictus ist die Konkretisierung des Vorsatzes auf das verfehlte Zielobjekt. Wurde nämlich auch das Treffen eines anderen in Kauf genommen, dann liegt eine Vorsatztat (dolus eventualis!) vor und nicht etwa Fahrlässigkeit wie hier.

Probleme:

Bestrafung wegen vorsätzlicher vollendeter Tat bei der aberratio ictus?[13]

Wiederholung:

Der Schneeball, der andere Junge, der zeigende Finger, das Verfehlen, das falsche Ziel und der heraneilende Schütze.

2.3 Atypische Kausalverläufe

Def. ⇨ Von atypischen Kausalverläufen spricht man, wenn der eingetretene Erfolg **völlig außerhalb dessen** liegt, was nach dem **gewöhnlichen Verlauf der Dinge** und nach der **allgemeinen Lebenserfahrung noch in Rechnung zu stellen** ist.

[13] Hillenkamp AT, Problem Nr. 9.

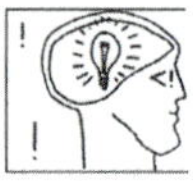

Der exzentrische Restaurantgast

Der Gast will zahlen, ruft den Ober und dieser legt einen Zettel auf den Tisch. Der Gast liest ihn, gerät völlig außer sich mit rotem Kopf, springt aus dem Lokal, läuft wie wild über den Marktplatz und wirft in seiner Wut einen Radfahrer aus dem Sattel. Für einige Touristen eine unvergessliche Erfahrung! Bei der Polizei murmelt der Mann nur: „Die Rechnung, die Rechnung, ... “. Anscheinend war sie ihm zu hoch. Der Ober wurde nicht belangt.

Erläuterung:

Sowohl der Umstand, dass der Mann völlig außer sich gerät, als auch sein Eilen aus dem Lokal stehen für Dasselbe: Für *völlig außerhalb dessen*. (Anmerkung: Auch ein Rat für die Erstellung eigener Geschichten: Es bleibt dem Lernenden selbst überlassen, ob er die Elemente eher örtlich [=aus dem Lokal] oder eher im übertragenen Sinn [=aus der Haut fahren] schildert. Es gibt hier keinen Vorrang, verschiedene Formen der Codierung liegen den einzelnen Erstellern mehr oder weniger.) Der Mann, der über den Marktplatz läuft, ist der *gewöhnliche Verlauf* der Dinge. Sowohl der Radfahrer als auch die Erfahrung der Touristen verbildlichen die *allgemeine Lebenserfahrung* (auch hier wieder als Verdeutlichung sowohl eine direkte als auch eine übertragene Symbolisierung, wie in der letzten Anmerkung erklärt). Das Murmeln des Gastes von der Rechnung steht natürlich für das *Inrechnungstellen*.

Problem:

„Anknüpfung an den Vorsatz der Ersthandlung bei zweiaktigen Geschehensabläufen („Jauchegruben“-Fall)?“[14]

Wiederholung:

Aus dem Lokal, der Lauf über Platz, Kollision mit dem Radfahrer und das Murmeln beim Verhör.

2.4 Erlaubnistatbestandsirrtum

Def. ⇨ Dies ist der **Irrtum über die** sachlichen **Voraussetzungen** eines anerkannten **Rechtfertigungsgrundes**.

---

14 Joecks, § 15 Rn. 39; Diehn, Strafrecht 1, Streitstand 12.

Der wehrhafte Knecht

Er sieht jemanden bei den Pferden, hält diesen für einen Dieb und greift ihn an, um die Tiere zu schützen. Die Person war aber nur ein interessierter Käufer.

Erläuterung:

Der Knecht erinnert an den Rechtfertigungsgrund, der an sich harmlose Käufer steht für den Irrtum über die Voraussetzungen.

Probleme:

1. „Was sind die Rechtsfolgen eines Erlaubnistatbestandsirrtums?“[15]

2. „Teilnahmefähige Haupttat trotz Erlaubnistatbestandsirrtums?“[16]

Wiederholung:

Der Pferdeknecht und der harmlose Käufer

2.5 Erlaubnisirrtum

Def. ⇨ Der Täter **verkennt die rechtlichen Grenzen** eines **Rechtfertigungsgrundes**.

Der übereifrige Eigentümer

Er kommt nach Hause und sieht vom der Eingangstür aus einen Einbrecher gerade das Fenster aufbrechen. Der Einbrecher bemerkt ihn und flieht. Der Eigentümer zielt mit seiner Waffe nicht etwa auf die Beine des Fliehenden, sondern hält sich irrigerweise im Rahmen der Notwehr auch für berechtigt, dem Täter sofort in den Rücken zu schießen.

Erläuterung:

Das Zielen auf den Rücken steht dafür, dass die rechtlichen Grenzen des Rechtfertigungsgrundes verkannt werden.

---

15 Joecks, § 16 Rn. 41; Diehn, Strafrecht 1, Streitstand 31.

16 Hillenkamp, Problem Nr. 10 und 22; Joecks, § 27 Rn. 14.

Wiederholung:

Der Einbrecher und das Zielen auf dessen Rücken

3. Rechtfertigungs- und Schuldausschließungsgründe (§§ 32 ff. StGB)

3.1 Notstand

Def. ⇨ Als Notstand bezeichnet man einen Zustand **gegenwärtiger Gefahr** für **rechtlich geschützte Interessen**, dessen Abwendung nur **auf Kosten fremder Interessen** möglich ist.

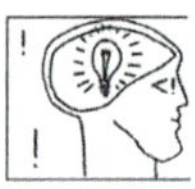

Das Feuer und die verschlossene Haustür

Das Haus brennt, das Leben der Mieter ist in Gefahr. Sie brechen von innen die versehentlich verschlossene Haustür auf, um sich zu retten.

Erläuterung:

- ⇨ Das Feuer: die gegenwärtige Gefahr
- ⇨ Das bedrohte Leben: die rechtlich geschützten Interessen
- ⇨ Das Aufbrechen der Haustür: das Handeln auf Kosten fremder Interessen

Anmerkung: Ab hier erfolgt die Erläuterung der Geschichten anhand dieser Gegenüberstellung und nicht mehr in ausformulierter Form. Auf der linken Seite steht immer das Element der Geschichte und auf der rechten Seite dessen Bedeutung, also ein Teil der Definition. Weil man so die entscheidenden Elemente der Geschichte leichter überblicken kann als bei der satzweisen Erläuterung zuvor, entfällt ab nun mangels Notwendigkeit auch der abschließende Punkt „Wiederholung“.

Notstandslage (beim allgemeinen rechtfertigenden Notstand)

Sie besteht in einer gegenwärtigen Gefahr für Leben, Leib, Freiheit, Ehre, Eigentum oder ein anderes Rechtsgut, die nicht anders abgewendet werden kann als durch Einwirkung auf ebenfalls rechtlich anerkannte Interessen.

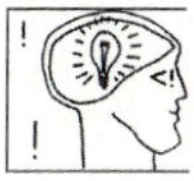

Blick von der Schlossmauer nach unten

Er blickt nach unten sieht dort, im Licht der Sonne, das Belagerungsheer. Er stellt sich die vielen Toten, Verletzten und Gefangenen vor, sieht, wie der Gegner seine Fahne hissen und alles plündern würde. Er weiß, die einzige Möglichkeit ist die, durch die Katapulte viele der Gegner zu töten. Entschlossen ruft er den entsprechenden Befehl.

Erläuterung:

- ⇨ Im Licht der Sonne: gegenwärtig
- ⇨ Tote: (Gefahr für das) Leben
- ⇨ Verletzte: (Gefahr für den) Leib
- ⇨ Gefangene: (Gefahr für die) Freiheit
- ⇨ Fahne des Gegners: (Gefahr für die) Ehre
- ⇨ Plünderung: (Gefahr für das) Eigentum
- ⇨ Er sieht keine andere Möglichkeit: nicht anders abwendbar
- ⇨ Benutzung der Katapulte: Einwirkung auf rechtlich anerkannte Interessen

3.2 Notstandsfähig

Def. ⇨ Dies sind Rechtsgüter des **Einzelnen** und der Allgemeinheit, soweit sie in der **konkreten Situation schutzbedürftig** und **schutzwürdig** sind.

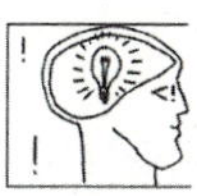

Vor dem Absturz

Ein Mann hängt an einem Haus und droht abzustürzen. Die Menschenmenge unten gafft, die Feuerwehr räumt genau unter dem Mann geparkte Fahrräder beiseite und spannt ein Tuch auf.

Erläuterung:

- ⇨ Der Mann: der Einzelne
- ⇨ Die Menschenmenge: die Allgemeinheit

- ⇨ Das Wegräumen genau unter ihm: die konkrete Situation
- ⇨ Die Anwesenheit der Feuerwehr: Schutzbedürftigkeit
- ⇨ Das aufgespannte Tuch: Schutzwürdigkeit

3.3 Gegenwärtige Gefahr

Def. ⇨ Dies ist ein **Zustand**, dessen **Weiterentwicklung** den Eintritt oder die Intensivierung eines **Schadens ernstlich befürchten** lässt, sofern nicht **alsbald Abwehrmaßnahmen** ergriffen werden.

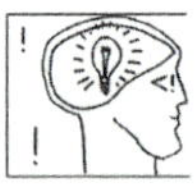

Die tickende Bombe

Die Bombe steht dort, der Zähler tickt. Das Haus könnte so wie das Gebäude nebenan aussehen, das schon in Trümmern liegt. Die Menschen warten in der Entfernung und haben Angst. Doch da eilt das Bombenteam heran und sie entschärfen den Sprengsatz.

Erläuterung:

- ⇨ Die Bombe: der Zustand
- ⇨ Ticken des Zählers: Weiterentwicklung
- ⇨ Das Haus nebenan: Schaden
- ⇨ Die Menschen in Angst: das ernstliche Befürchten
- ⇨ Das Bombenteam: die Abwehrmaßnahme
- ⇨ Das Heraneilen: die Notwendigkeit der alsbaldigen Abwehr.

Anmerkung: Die Gefahrbegriffe im Strafrecht und im Polizeirecht decken sich ansatzweise. Eine Gefahr lässt sich eben aus der Natur der Sache heraus schwerlich anders definieren.

3.4 Erforderlich

Def. ⇨ Erforderlich ist, was zur **Abwehr der Gefahr** geeignet ist und unter Berücksichtigung aller aus der **„ex ante"-Sicht** eines sachkundigen **objektiven Beobachters** erkennbaren Umstände als der **sicherste Weg** zur Erhaltung des gefährdeten Gutes erscheint.

Die besorgten Polizisten

Zwei Polizisten sind gerufen worden und stehen vor der Wohnungstür. Sie hören Schreie. Einer der beiden sieht von außen durch den Spion und erkennt aber nichts. Sie stürmen die Wohnung, finden aber nur den laufenden Fernseher. Der Mieter kümmert sich im Garten um seine Blumen.

Erläuterung:

- ⇨ Die Polizisten: Abwehr einer Gefahr
- ⇨ Der Spion: „ex-ante“-Sicht
- ⇨ Das Hindurchschauen: objektiver Beobachter
- ⇨ Die Geschütztheit im Garten: der sicherste Weg

Anmerkung: Hier erkennt man wieder eine Ähnlichkeit mit dem Polizeirecht: Eine vergleichbare Formel wird zur Abgrenzung der Anscheinsgefahr von der Putativgefahr verwendet.

3.5 Angriff

Def. ⇨ Angriff ist jede durch **menschliches Verhalten** drohende **Verletzung** rechtlich geschützter **Güter** und **Interessen**.

Blick von der Schlossmauer nach unten: Fortsetzung

Die Krieger laufen mit ihren scharfen Waffen auf das Tor zu, innen brennen von den Flammenpfeilen bereits die Häuser und die Waren im Burghof. Ein Händler steht händeringend dabei und fürchtet um seine Marktprofite.

Erläuterung:

- ⇨ Die laufenden Krieger: menschliches Verhalten
- ⇨ Die scharfen Waffen: die Verletzung
- ⇨ Die brennenden Häuser und Waren: Güter
- ⇨ Der besorgte Händler: die Interessen.

Problem:

„Schränkt Art. 2 IIa EMRK das Notwehrrecht bezüglich der Verteidigung von Sachwerten ein?“[17]

3.6 Gegenwärtig

Def. ⇨ Gegenwärtig ist ein Angriff, wenn er **unmittelbar bevorsteht**, **begonnen hat** oder **noch andauert**.

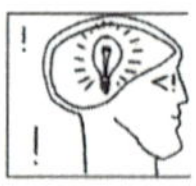

Mantel und Degen

Der Bösewicht kommt mit der Hand an der Waffe auf den Helden zu und bleibt am Tisch stehen. Er zieht sie schnell und der Held springt zurück. Sie liefern sich einen längeren Kampf, die steinernen Treppen hinauf und über die Kronleuchter.

Erläuterung:

⇨ Die Hand an der Waffe: *unmittelbar bevorstehend*

⇨ Das Ziehen und der Sprung zurück: das *Begonnenhaben*

⇨ Der weitere Kampf mit allen Schikanen: das *Andauern* des Angriffs.

3.7 Rechtswidriger Angriff

Def. ⇨ Rechtswidrig ist jeder Angriff, der den **Bewertungsnormen des Rechts** (nicht nur des Strafrechts) **objektiv zuwiderläuft** und **nicht durch einen Erlaubnissatz gedeckt** ist.

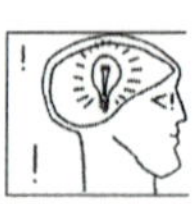

Autofahrer an der Kreuzung

Er hält an der Wartelinie, sieht aber einen Konkurrenten auf der anderen Seite. Ohne auf den Polizisten, der den Verkehr regelt, zu achten, rast er auf den ungeliebten Kollegen gegenüber zu.

---

17 Hillenkamp AT, Problem Nr. 3; Joecks, § 32 Rn. 19; Diehn, Strafrecht 1, Streitstand 36.

Erläuterung:

- ⇨ Die Wartelinie: die Bewertungsnormen des Rechts
- ⇨ Das Darüberfahren: ein objektives Zuwiderlaufen
- ⇨ Der Verkehrspolizist: die Notwendigkeit, dass ein solches Handeln durch einen Erlaubnissatz gedeckt sein muss

3.8 Notwehrfähig

Def. ⇨ Notwehrfähig ist jedes **dem Angegriffenen oder Dritten zustehende Gut** und jedes **rechtlich anerkannte Interesse**.

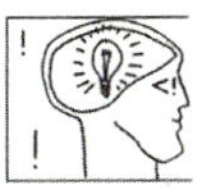

Anknüpfung an das Beispiel bei Angriff (3.5)

Die Verteidiger auf den Zinnen kämpfen nicht nur für ihre eigenen Häuser, sondern auch für die Häuser der anderen Bürger und für die Waren der Händler. Von den Zinnen herabschauend prüfen sie, was nun beschützenswert ist.

Erläuterung:

- ⇨ Nicht nur die eigenen Häuser: dem Angegriffenen oder einem Dritten zustehendes Gut oder Interesse
- ⇨ Der prüfende Blick: rechtlich anerkannt

3.9 Erforderlich

Def. ⇨ Die Notwehrhandlung muss **zur Angriffsabwehr geeignet sein** und **das mildeste** zur Verfügung stehende **Gegenmittel** darstellen.

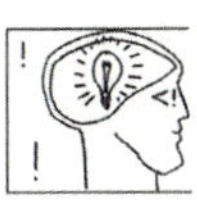

Enterprise

Bei einem Angriff wird die Strahlenpistole nur auf Betäubung gestellt. So kann der Zweck die Feinde zu überwältigen auch ohne Todesopfer erreicht werden.

Erläuterung:

- ⇨ Strahlenpistole auf Betäubung: zur Angriffsabwehr geeignet
- ⇨ Vergleich mit der Einstellung „Töten“: das mildeste Mittel

Anmerkung: Hier besteht ein Unterschied zu „erforderlich“ beim Notstand. Dort war vom sichersten Mittel die Rede. Zwar kann muss sich auch bei der Notwehr der Verteidiger nicht auf eine unsichere Abwehr einlassen, die Betonung ist aber anders: Es geht um das mildeste Mittel.

3.10 Geeignet

Def. ⇨ Die Maßnahme ist grundsätzlich dazu in der Lage, den Angriff entweder **ganz zu beenden** oder ihm **wenigstens ein Hindernis** in den Weg zu legen.

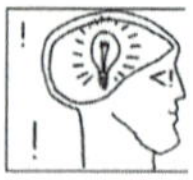

Eignungstest:

Ein Parcours muss zum Bestehen beendet werden, das Ziel sieht man schon. Kurz davor sind aber hohe hölzerne Mauern aufgebaut.

Erläuterung:

- ⇨ Das Ziel: das Beenden des Angriffs
- ⇨ Die hölzernen Mauern: das Hindernis.

3.11 Absichtliche Notwehrprovokation

Def. ⇨ Der Angriff wird absichtlich provoziert, um den Anderen **unter dem Deckmantel der Notwehr** verletzen zu können.

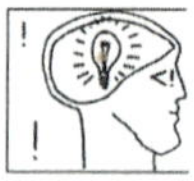

Der hinterlistige Bettler

Er pöbelt Leute an. Wird er angegriffen, zieht er unter seinem langen Mantel ein Messer hervor und will zustechen.

Erläuterung:

- ⇨ Das Anpöbeln: die absichtliche Provokation

⇨ Der lange Mantel: Deckmantel

⇨ Das Messer: der Verletzungswille

Anmerkung: Eine kleine Vertiefung als Hinweis für diejenigen, die auch eigene Geschichten erstellen wollen: Als Symbol für „Deckmantel“ kann man hier beispielsweise auch nehmen, dass der Bettler hilfesuchend zu einem Polizisten läuft und sich hinter diesem versteckt. Von dort aus sticht er dann aber noch verschlagen in Richtung des Verfolgers zu. Dies ist wäre ein Beispiel für eine Codierung, die nicht so konkret-gegenständlich ist wie „Mantel“ - „Deckmantel“, sondern sich eher am Sinn, an der Struktur orientiert[18].
Beide Codierungsansätze sind möglich und effektiv. Es ist natürlich auch Geschmackssache, welchen man wählt. Oft bietet sich ein bestimmtes Symbol einfach deswegen an, weil es sich gut in den Ablauf der Geschichte einfügt.

Probleme:

1. „Einschränkungen des Notwehrrechts bei Absichtsprovokation?“[19]

2. „Ist bei einer Notwehrprovokation, die nicht absichtlich erfolgt, für eine Einschränkung des Notwehrrechts nötig, dass das Provokationsverhalten rechtswidrig war?“[20]

3.12 Actio illicita in causa

Def. ⇨ Die **vorwerfbare Herbeiführung** einer Notwehr- oder Notstandslage, in der dann aber eine **berechtigte Verteidigung** erfolgt[21].

Das wehrhafte Opfer[22]

Das Opfer, das zuvor unter vorgehaltener Pistole in den Wald geführt worden war, wehrt sich unter Überschreitung der Notwehr so sehr, dass dem ursprünglichen Angreifer nur ein tödlicher Pistolenschuss zur Rettung des eigenen Lebens bleibt.

---

18 In der Definition geht es ja auch um das Verstecken, nur eben nicht hinter einem Polizisten, sondern hinter dem staatlichen Notwehrschutz.

19 Hillenkamp AT, Problem Nr. 2; Joecks, § 32 Rn. 24; Diehn, Strafrecht 1, Streitstand 37.

20 Diehn, Strafrecht 1, Streitstand 38.

21 Die Verteidigung ist in derartigen Fällen aus folgendem Grund berechtigt: Bei nicht absichtlichen Notwehrprovokationen ist der Provokateur zwar in seinem Notwehrrecht eingeschränkt, er muss aber nicht jeden Angriff hinnehmen. Bei zu weitgehenden Attacken des Provozierten, denen sich der Provokateur nicht mehr durch Flucht entziehen kann, lebt das Notwehrrecht des Provokateurs wieder auf.

22 Erste Juristische Staatsprüfung Bayern, Klausur 2003/I/6.

Erläuterung:

- ⇨ Das drohende Verbringen in den Wald: die vorwerfbare Herbeiführung einer Notwehrlage
- ⇨ Der Schuss in Lebensgefahr: die berechtigte Verteidigung.

Anmerkung: Die actio illicita in causa („Eine Handlung, die in ihrem Ursprung unerlaubt war") bietet interessante Modifikationen der üblichen Notwehrfälle, insbesondere mit einer Diskussion von § 222 StGB bei Tötung des Opfer-Angreifers.

Problem:

„Fahrlässigkeitsstrafbarkeit des Provokateurs bei der actio illicita in causa?"[23]

3.13 Verteidigungswille

Def. ⇨ Nötig sind die **Kenntnis** von der **Notwehrlage** und die **Motivation** zur Handlung aufgrund der Notwehrlage.

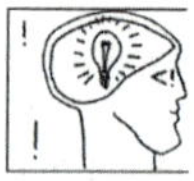

Im Saloon am Pokertisch

Der Cowboy gewinnt und sieht seinen Gegner ziehen. Er will dies unterbinden und schießt ihm die Pistole aus der Hand.

Erläuterung:

- ⇨ Der Blick auf die Waffe: die Kenntnis
- ⇨ Der eigene Schuss: die Motivation zur Handlung aufgrund der Kenntnis

Problem:

„Bestrafung aus Versuch oder vollendeter Tat, wenn der Täter in Unkenntnis des Vorliegens einer Rechtfertigungslage, also auch ohne Verteidigungswillen, gehandelt hat?"[24]

---

[23] Joecks, § 32 Rn. 26, 54; Diehn, Strafrecht 1, Streitstand 38, Hinweis 2.

[24] Joecks, Vor § 32 Rn. 12 und § 32 Rn. 17; Diehn, Strafrecht 1, Streitstand 30.

3.14 Einwilligungsfähig

Def. ⇨ Der Zustimmende ist nach seiner geistigen und sittlichen **Reife** im Stande, Bedeutung und Tragweite des Rechtsgutsverzichtes **zu erkennen** und sachgerecht **zu beurteilen**.

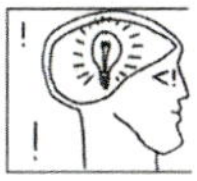

Der Apfel im Paradies

Die Schlange bietet Adam den Apfel an, er betrachtet ihn genau in seiner Hand. Er sieht sich in seiner eigenen Vorstellung nach dem Verzehr des Apfels satt und bequem mit vollem Magen unter dem Baum schlafen und entscheidet sich, in den Apfel zu beißen.

Erläuterung:

⇨ Der Apfel in seiner Hand und die Betrachtung: die (geistige und sittliche) Reife

⇨ Das Vorstellen der vermeintlich harmlosen Folgen: das Erkennen der Tragweite

⇨ Der Biss in den Apfel: das Urteilen

Anmerkung: Vom Apfel gelangt man hier zur Bedeutung „Reife" entweder indem man das Bild gegenständlich (Blick auf den reifen Apfel), oder indem man es im übertragenen Sinn (Die genaue Betrachtung, also das genaue Abwägen, als Zeichen charakterlicher Reife; siehe auch den Ausdruck: „reifliches Überlegen") begreift.

3.15 Sittenwidrig i.S.d. § 228 StGB

Def. ⇨ Dies liegt vor, wenn eine Handlung dem **Anstandsgefühl** aller **billig und gerecht Denkenden** widerspricht.

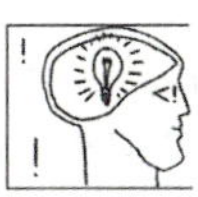

Die Prostituierte an der Straßenecke

Sie steht dort, ein Mann kommt vorbei und verhandelt mit ihr über den Preis. Ein Polizeiwagen hält neben den beiden und nimmt sie mit.

Erläuterung:

- ⇨ Die Stehende: Anstandsgefühl
- ⇨ Das Verhandeln über den Preis: billig
- ⇨ Der Polizeiwagen: die gerecht Denkenden

3.16 Actio libera in causa

Def. ⇨ Ein **selbstverschuldeter Defekt** ist gegeben und der Täter hat die **Ursachenreihe** zu einer bestimmten Straftat, mit deren Ausführung er **nach** dem Verlust seiner Schuldfähigkeit **beginnt**, noch im Zustand der strafrechtlichen Verantwortlichkeit **vorsätzlich oder fahrlässig in Gang** gesetzt.

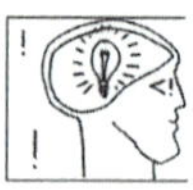

Der rasende Alkoholiker

Er sitzt da und trinkt beinahe bis zur Bewusstlosigkeit, um straflos rasen zu können. Er setzt das Glas ab, steht auf und verlässt das Lokal durch die große Tür. Er setzt sich in sein Auto und fährt los, wilde Kurven auf der Fahrbahn ziehend.

Erläuterung:

- ⇨ Das Trinken: das Selbstverschuldete
- ⇨ Das Abstellen des Glases: Der Beginn der verantwortlich gesetzten Ursachenreihe
- ⇨ Das Steigen ins Auto: Beginn der Tat erst nach dem Verlust der Schuldfähigkeit

Problem:

„Ist die actio libera in causa als Rechtsfigur anzuerkennen?"[25]

3.17 Freiheit i.S.d. § 35 StGB

Def. ⇨ Dies betrifft nur die **Fortbewegungsfreiheit**.

---

[25] Hillenkamp AT, Problem Nr. 13; Joecks, § 20 Rn. 12; Diehn, Strafrecht 1, Streitstand 47.

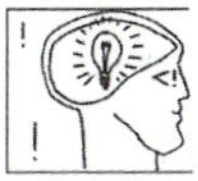

Das bekannte Bild „Die Revolution“

Alle Revolutionäre, angeführt von Jeanne d'Arc, bewegen sich auf dem Weg zur Freiheit vorwärts Richtung Bastille.

Erläuterung:

⇨ Sie bewegen sich vorwärts: Fortbewegungsfreiheit

4. Arten der Täterschaft (§ 25 StGB)

4.1 Tatherrschaft

Def. ⇨ Das vom **Vorsatz** umfasste **In-den-Händen-Halten** des tatbestandsmäßigen **Geschehensablaufs.**

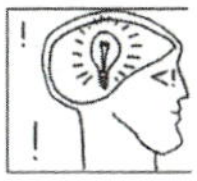

Mitten in der Bank

Der Bandenchef steht mitten in der Bank, blickt ruhig um sich und hält sein Walkie-Talkie in der Hand. So steuert er alle anderen Bandenmitglieder, der Überfall läuft präzise wie ein Uhrwerk ab

Erläuterung:

⇨ Das Walkie-Talkie in der Hand: Die Kontrolle, also das In-den-Händen-Halten des Geschehens

⇨ Das selbstbeherrschte Umsichblicken: der Vorsatz bezüglich des Geschehenslenkens

⇨ Das schrittweise Ausführen des Plans: der tatbestandsmäßige Geschehensablauf.

Problem:

„Abgrenzung von Täterschaft und Teilnahme?“[26]

26 Hillenkamp AT, Problem Nr. 19; Joecks, § 25 Rn. 3; Diehn, Strafrecht 1, Streitstand 17.

4.2 Mittäterschaft

Def. ⇨ Die **gemeinschaftliche Begehung** einer Straftat durch **bewusstes** und **gewolltes** Zusammenwirken.

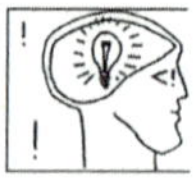

Der Überfall auf das Juweliergeschäft

Die vier überfallen zusammen das Geschäft, sie schauen genau auf die Handlungen der anderen und stimmen sich ab: Der eine bedroht den Kassierer, der andere packt den Schmuck in die Taschen und die letzten beiden halten der Tür Wache.

Erläuterung:

- ⇨ Der gemeinsame Überfall (am Anfang vor dem Geschäft): die gemeinschaftliche Begehung
- ⇨ Die abstimmenden Blicke: das bewusste Element
- ⇨ Die ineinandergreifenden Handlungen: Das gewollte Zusammenwirken

Probleme:

1. „Kann auch Mittäter sein, wer nur einen Tatbeitrag im Vorbereitungsstadium geleistet hat?"[27]

2. „Ist eine sukzessive Mittäterschaft dergestalt möglich, dass erst im Stadium zwischen Vollendung und Beendigung noch ein Tatbeitrag geleistet wird?"[28]

4.3 Mittelbare Täterschaft

Def. ⇨ Mittelbarer Täter ist, wer die Straftat durch einen Anderen, hier durch einen aus tatsächlichen oder rechtlichen Gründen **unterlegenen Tatmittler** begeht und selbst das Gesamtgeschehen kraft seines **planvoll lenkenden Willens** in der Hand hat.

---

[27] Diehn, Strafrecht 1, Streitstand 19.

[28] Joecks, § 25 Rn. 68; Diehn, Strafrecht 1, Streitstand 20.

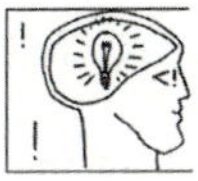

Der Katzenkönig

Eine Frau wird durch eine apokalyptische Geschichte vom Kommen einer mystischen Figur in ihrer labilen seelischen Konstitution vom Erzähler der Geschichte zu einem Mord gebracht.

Erläuterung:

Die Geschichte wirkte auch deswegen so suggestiv, weil die Frau selbst darin als potentielle Retterin im Mittelpunkt stand. Während der Durchführung des Mordes steuert er sie mit Anweisungen, sie ist ihm psychisch ausgeliefert.

- ⇨ Die labile Frau: unterlegen
- ⇨ Die Frau im Mittelpunkt der erfundenen Geschichte: Tatmittler
- ⇨ Das Steuern der labilen Person: der planvoll lenkende Wille, mit dem das Geschehen in der Hand gehalten wird.

Problem:

„Gibt es einen „Täter hinter dem Täter“, insbesondere bei einem vermeidbaren Verbotsirrtum des Tatmittlers?“[29]

5. Die Anstiftung (§ 26 StGB)

5.1 Bestimmen

Def. ⇨ Dies bedeutet **Hervorrufen** des Tatentschlusses.

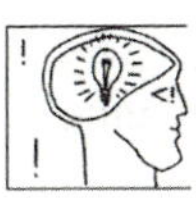

Macbeth

Sie spricht beständig zu ihm, die Tat zu begehen, sie flüstert, wispert und ruft es ihm zu: „Töte ihn!“ Er tut es letztlich, nachdem sie seinen Willen geweckt hat, mit eigener Überzeugung.

29 Hillenkamp AT, Problem Nr. 21; Joecks, § 25 Rn. 32; Diehn, Strafrecht 1, Streitstand 21.

Erläuterung:

Das vielfache Zusprechen: das Hervorrufen des Tatantriebs[30]

Probleme:

1. „Aufstiftung eines bereits zum Grunddelikt Entschlossenen?“[31]

2. „Definition des Bestimmens?“[32]

6. Die Beihilfe (§ 27 StGB)

6.1 Hilfeleisten

Def. ⇨ Ein Hilfeleisten liegt in jedem Tatbeitrag, der die Haupttat **ermöglicht** oder **erleichtert** oder die vom Täter begangene Rechtsgutsverletzung **verstärkt** hat.

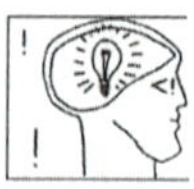

Drei Helfer für den Dieb auf dem Firmengelände

Der Erste ist der Hausmeister, er sperrt das unüberwindliche Tor auf.

Der Zweite ist eine der Wachen, er schaltet die anderen mit einem Betäubungsgewehr aus.

Der Dritte ist ein Autoverleiher, er gibt dem Täter in Kenntnis des Tatplans einen größeren Lieferwagen. Damit kann der Täter noch mehr Dinge aus dem Firmengebäude mitnehmen.

Erläuterung:

⇨ Der Hausmeister: ermöglicht

⇨ Die Wache: erleichtert

⇨ Der Autoverleiher: trägt zur Verstärkung der Rechtsgutsverletzung bei.

---

30 Der Tatentschluss wird noch zusätzlich durch die Ausführung der Tat verdeutlicht. Diese ist ja auf ihn als Auslöser zurückzuführen.

31 Hillenkamp AT, Problem Nr. 25; Joecks, § 26 Rn. 14; Diehn, Strafrecht 1, Streitstand 23.

32 Hillenkamp AT, Problem Nr. 23; Joecks, § 26 Rn. 9; Diehn, Strafrecht 1, Streitstand 24.

Probleme:

1. „Muss die Beihilfehandlung zumindest mitursächlich für den Haupttaterfolg sein?“[33]

2. „Kann Beihilfe auch durch neutrales Alltagsverhalten erfolgen?“[34]

3. „Möglichkeit von Beihilfe zwischen Vollendung und Beendigung der Haupttat?“[35]

7. Der Versuch (§§ 22, 23 StGB)

7.1 Unmittelbares Ansetzen

Def. ⇨ Der Täter muss subjektiv die **Schwelle** zum „Jetzt-geht-es-los“ überschritten und objektiv unter Zugrundelegung des von ihm vorgestellten Sachverhalts zur tatbestandsmäßigen Angriffshandlung angesetzt haben, die Handlung muss also **unmittelbar** in die Verwirklichung des objektiven Tatbestandes **einmünden**.

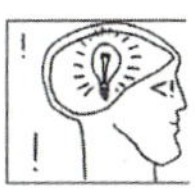

Der Dieb an der Tür der Villa

Er bleibt im Mondlicht an der *Schwelle* zur verschlossenen Tür stehen und holt sein *Brecheisen* aus der mitgenommenen Tasche, in der er sein Einbruchswerkzeug verwahrt. Er schiebt das Brecheisen *in den Türspalt* und versucht die Tür auszuhebeln. Dies misslingt, weil die Tür besonders gesichert ist. Enttäuscht verlässt er das Grundstück.

Erläuterung:

⇨ Die Türschwelle: Die Schwelle zum „Jetzt-geht-es-los“

⇨ Das Brecheisen: Das Mittel zur Durchführung des Einbruchs: Unmittelbar

⇨ Das Schieben in den Türspalt: Einmünden

33 Hillenkamp AT, Problem Nr. 27; Joecks, § 27 Rn. 7; Diehn, Strafrecht 1, Streitstand 26.

34 Hillenkamp AT, Problem Nr. 28; Joecks, § 27 Rn. 15; Diehn, Strafrecht 1, Streitstand 27.

35 Joecks, § 27 Rn. 9; Diehn, Strafrecht 1, Streitstand 28.

Anmerkung 1: Wichtig ist es sich zu verdeutlichen, dass das unmittelbare Ansetzen nach heutigem Verständnis neben der objektiven auch eine subjektive Komponente besitzt.

Anmerkung 2: In der Geschichte gelang es dem Täter nicht, die Tür zu öffnen, weil damit dargestellt werden soll, dass dies zwar augenscheinlich ein Fall des fehlgeschlagenen Versuchs ist, man für die Bejahung eines solchen aber immer auch ein unmittelbares Ansetzen benötigt.

Probleme:

1. „Definition des unmittelbaren Ansetzens?“[36]

2. „Zeitpunkt des unmittelbaren Ansetzens bei unechtem Unterlassensdelikt?“[37]

3. „Unmittelbares Ansetzen bei Mittäterschaft?“[38]

4. „Bestimmung des unmittelbaren Ansetzens bei mittelbarer Täterschaft?“[39]

8. Der Rücktritt vom Versuch (§ 24, § 31 StGB)

8.1 Fehlgeschlagener Versuch

Def. ⇨ Fehlgeschlagen ist der Versuch einer Straftat in erster Linie dann, wenn die zu ihrer Ausführung vorgenommenen **Handlungen** ihr **Ziel nicht erreicht** haben und der Täter erkannt hat, dass er mit den ihm **zur Verfügung stehenden Mitteln** den tatbestandlichen Erfolg entweder **gar nicht** oder zumindest **nicht ohne zeitlich relevante Zäsur** herbeiführen kann.

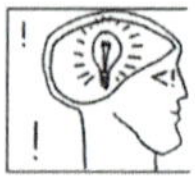

Der schwächliche Angreifer

Er will sein Opfer, einen Boxer, mit bloßen Händen attackieren, dieser wehrt sich aber zu gut: Der Täter ist chancenlos und kann sein Ziel nicht erreichen. Er blickt auf seine schwächlichen Arme und merkt, dass er diesen Gegner entweder gar nicht oder nur mit einer Waffe besiegen kann, die aber weit entfernt in seinem Auto liegt.

Er flieht beschämt und wütend über seine Selbstüberschätzung vom Ort des Geschehens.

---

[36] Joecks, § 22 Rn. 21.

[37] Hillenkamp AT, Problem Nr. 14; Joecks, § 13 Rn. 73; Diehn, Strafrecht 1, Streitstand 62.

[38] Joecks, § 25 Rn. 78; Diehn, Strafrecht 1, Streitstand 63.

[39] Hillenkamp AT, Problem Nr. 15; Joecks, § 25 Rn. 54; Diehn, Strafrecht 1, Streitstand 65.

Erläuterung:

- ⇨ Angriff mit bloßen Händen: Die Handlungen
- ⇨ Seine Chancenlosigkeit: Das Ziel nicht erreicht
- ⇨ Der Blick auf die Hände: Die zur Verfügung stehenden Mittel
- ⇨ Gar nicht oder nur mit der weit entfernten Waffe: Gar nicht oder nicht ohne zeitlich relevante Zäsur

Problem:

„Existenz der Figur des „fehlgeschlagenen Versuchs“?“[40]

8.2 Beendeter Versuch

Def. ⇨ Beendet ist der Versuch, wenn der Täter **alles getan zu haben glaubt**, was nach **seiner Vorstellung** von der Tat zur Herbeiführung des tatbestandlichen Erfolges **notwendig** oder **möglicherweise ausreichend** ist.

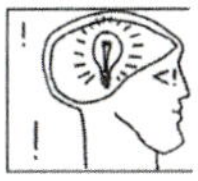

Der weiche Fall

Der Täter will das Opfer töten, stürzt es von der hohen Klippe und sieht es fallen und tief unten landen. Obwohl er unten nicht alles erkennen kann, sieht er vor seinem geistigen Auge das Bild des vermeintlich zerschmetterten Opfers. Er hält es für tot, lacht zufrieden und entfernt sich. Das Opfer ist aber unerwarteterweise weich auf einem dichten Moosstreifen gelandet und befindet sich nicht einmal in Lebensgefahr.

Erläuterung:

- ⇨ Das Lachen des Täters: Er glaubt alles getan zu haben
- ⇨ Das geistige Auge: Nach der Vorstellung
- ⇨ Das Bild des toten Opfers vor seinem geistigen Auge: notwendig, zumindest ausreichend

Anmerkung: Hier ist entscheidend (und in der Geschichte auch strukturnah vermerkt), dass es nur auf die Vorstellung des Täters ankommt. Hieran zeigt sich auch wieder, dass beim Versuch und dem Rücktritt die Einstellung des Täters zur Rechtsordnung zentral ist.

[40] Diehn, Strafrecht 1, Streitstand 67.

Problem:

„Abgrenzung von beendetem und unbeendetem Versuch bei mehraktigem Geschehen?“[41]

8.3 Verhinderung der Vollendung

Def. ⇨ Für die Verhinderung der Vollendung ist ausreichend, dass der **zum Rücktritt entschlossene** Täter bewusst und gewollt eine **neue Kausalkette in Gang** setzt, die für **das Ausbleiben** der Vollendung **wenigstens mitursächlich** wird.

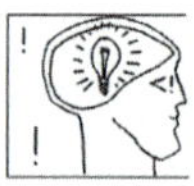

Der reuige Spion

Der feindliche Agent stößt Bond ohne Fallschirm aus dem Flugzeug. Von Reue gepackt springt er aber kurz darauf hinterher, holt diesen ein und überreicht ihm im Fallen einen behelfsmäßigen Reserveschirm, der nicht bis zum Boden reicht. Dies gibt 007 aber die nötige Zeit, um seinen Mini-Helikopter zusammenzubauen und mit diesem kurz vor dem Aufprall zu entschweben.

Erläuterung:

⇨ Der reuige Agent, oben im Flugzeug: Der zum Rücktritt Entschlossene

⇨ Das Hinterherspringen: Die neue Kausalkette

⇨ Die gewonnene Zeit für den Mini-Helikopter: Für das Ausbleiben wenigstens mitursächlich

Problem:

„Ist für die Verhinderung eine bloße Mitursächlichkeit des Täterhandelns genug oder muss der Täter alles ihm Mögliche getan haben?“[42]

8.4 Ernsthaftes Bemühen i.S.d. § 24 I S. 2 StGB

Def. ⇨ Ein solches als Ausdruck einer **bewussten und gewollten Umkehrung** des in Bewegung gesetzten Kausalgeschehens liegt vor, wenn der Täter **alles tut**, was **aus seiner Sicht** zur Abwendung des drohenden Erfolges **notwendig und geeignet** ist.

41 Hillenkamp AT, Problem Nr. 18; Diehn, Strafrecht 1, Streitstand 69.

42 Joecks, § 24 Rn. 25; Diehn, Strafrecht 1, Streitstand 72.

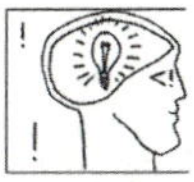

Der losgelassene Killerroboter

Der verrückte Professor schickt einen Killerroboter auf den Weg zur nichtsahnenden Stadt.

Als der Riese davonstapft, kommen dem alten Mann Zweifel und er bemüht sich darum, die Maschine aufzuhalten: Er tut alles in seiner Macht Stehende: Er drückt den „Zurückkehren"-Knopf auf der Fernsteuerung, es erfolgt aber keine Reaktion. Daraufhin schickt der Wissenschaftler alle seiner Abfangjäger und den Rest der selbstgebauten Armee, er kann den unbeirrt seinem Weg folgenden Roboter aber nicht mehr aufhalten. Er sucht noch auf seinen Bildschirmen nach einem weiteren Weg, findet aber keinen mehr. Der Roboter wird letztlich vor den Toren der Stadt von den ansässigen Superhelden aufgehalten, ohne dass die vergeblichen Handlungen des Professors hierzu irgendetwas beigetragen hätten.

Erläuterung:

- ⇨ Der geänderte Wille und der „Zurückkehren"-Knopf: Bewusste und gewollte Umkehrung
- ⇨ Das Lossenden der gesamten Kleinarmee: Der Täter tut alles, was notwendig und geeignet ist
- ⇨ Die Bildschirme: Aus seiner Sicht

Anmerkung: Der letzte Satz der Geschichte soll den Unterschied zum „mindestens mitursächlich" bei der Definition von „Verhinderung der Vollendung" darstellen. Ein zur Verhinderung des Erfolgs zumindest mitursächliches Handeln ist beim „ernsthaften Bemühen" eben gerade nicht nötig.

Problem:

„Wieviel ernsthaftes Bemühen ist hier notwendig?"[43]

8.5 Freiwillig

Def. ⇨ Freiwillig ist der Rücktritt nur dann, wenn er **nicht durch zwingende Hinderungsgründe** veranlasst wird, sondern der **eigenen autonomen Entscheidung** des Täters entspringt.

[43] Joecks, § 24 Rn. 33.

Die Wandlung des Bankräubers

Der Bankräuber, der mit vorgehaltener Pistole vor dem Kassierer steht, sieht sich um und merkt, dass die Straßen leer sind: Weit und breit naht keine Polizei. Es reut ihn aber, was er tut. Er lässt die Waffe sinken, entschuldigt sich bei dem Kassierer und verlässt ruhig und ohne Beute die Bank.

Erläuterung:

- ⇨ Die leeren Straßen: Keine zwingenden Hinderungsgründe
- ⇨ Das Sinkenlassen der Pistole: Die eigene autonome Entscheidung

Problem:

„Definition der Freiwilligkeit?“[44]

8.6 Unfreiwillig

Def. ⇨ Der Rücktritt stellt sich als unfreiwillig dar, wenn er durch **heteronome Gründe** veranlasst wird, nämlich durch **Hinderungsgründe**, die **vom Willen des Täters unabhängig** sind, **unüberwindliche Hemmungen** in ihm auslösen oder die Sachlage **zu seinen Ungunsten** so wesentlich verändern, dass er die damit verbundenen **Risiken oder Nachteile** nicht mehr für tragbar hält oder sie nicht in Kauf nehmen will.

Drei Geldfälscher vor dem Start der Druckerpresse

Der Erste bemerkt erst jetzt seine starke Papierallergie, die seine Arme unbeweglich macht. Er geht durch die Vordertür davon.

Der Zweite entwickelt plötzlich eine panische Phobie vor blauer Tinte und springt schreiend durch das Fenster.

Der Dritte hört die ankommende Polizei und flüchtet schnell über den Speicher.

---

44 Joecks, § 24 Rn. 20; Diehn, Strafrecht 1, Streitstand 71.

Erläuterung:

Alle drei: Hinderungsgründe

- ⇨ Der erste: Vom Willen des Täters unabhängig (mit seinen Armen könnte er physisch nicht mehr, selbst wenn er wollte)
- ⇨ Der zweite: Unüberwindliche Hemmungen (die psychische Komponente)
- ⇨ Der dritte: Die ungünstige Sachlage (durch die Polizei), die er nicht mehr in Kauf nehmen will

9. Das Fahrlässigkeitsdelikt (§ 15 StGB)

9.1 Objektiv voraussehbar

Def. ⇨ Als objektiv voraussehbar gilt, was ein **umsichtig handelnder Mensch** aus dem **Verkehrskreis des Täters** unter den jeweils gegebenen **Umstände**n aufgrund der **allgemeinen Lebenserfahrung** in Rechnung stellen würde.

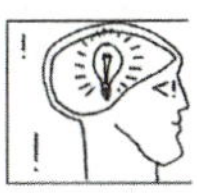

Der Schneeballwerfer

Am Abend. Er wartet geduldig an der Hausecke, blickt sich nach allen Seiten um und danach schnell ums Eck: Er sieht sein Ziel im Lichtkreis einer Straßenlaterne warten. Um das Ziel herum stehen noch weitere Personen und warten auf den Bus. Er wirft, der Ball fliegt hoch und weit und er trifft genau am Kopf. Aufgeschreckt taumelt der Getroffene auf die Straße, wo er vom ankommenden Bus angefahren wird. Dies kommt für den Schützen vollkommen unerwartet und er flieht schnell.

Erläuterung:

- ⇨ Das Umherschauen und der Blick um die Ecke: Umsichtig handelnder Mensch
- ⇨ Der Lichtkreis: Verkehrskreis des Täters
- ⇨ Die umherstehenden Passanten: Jeweils gegebene Umstände
- ⇨ Das Taumeln nach dem Treffer und der heranfahrende Bus: allgemeine Lebenserfahrung

Anmerkung: Der letzte Satz dient zur bildlichen Klarstellung, dass es sich bei der „objektiven Voraussehbarkeit“ um ein Element des Fahrlässigkeitstatbestandes handelt.

9.2 Objektiv unvermeidbar

Def. ⇨ Der Erfolg wäre auch bei pflichtgemäßem Alternativverhalten mit an Sicherheit grenzender Wahrscheinlichkeit eingetreten.

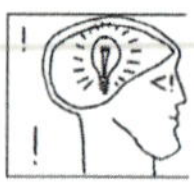

Der rasende Autofahrer und der Selbstmörder

Er rast mit Tempo 150 durch das kleine Dorf und ist weit und breit der einzige Fahrer. Plötzlich springt ihm ein Lebensmüder vor den Wagen, er kann nicht mehr bremsen und überfährt ihn. Auch wenn sich der Fahrer an das Geschwindigkeitsschild am Ortsrand gehalten hätte, wäre der Ausgang mit sehr hoher Wahrscheinlichkeit nicht anders ausgefallen: Der Selbstmörder wollte aber in jedem Fall vor das nächste Auto springen. Er hatte in seiner Tasche Pläne dabei, wie lange er auch bei langsam fahrenden Wagen warten müsste, damit der Fahrer nicht mehr bremsen könne. Zwar besteht immer die Chance einer unerwarteten Blitzreaktion des Fahrers, aber dem Selbstmörder wäre es nahezu gewiss auch sonst gelungen, seinen Plan zu verwirklichen.

Erläuterung:

- ⇨ Das Schild am Ortsrand: Pflichtgemäßes Alternativverhalten
- ⇨ Die Pläne des Lebensmüden: Mit an Sicherheit grenzender Wahrscheinlichkeit

10. Das Unterlassensdelikt (§ 13 StGB)

10.1 Ursächlichkeit des Unterlassens

Def. ⇨ Die rechtlich erwartete Handlung kann **nicht hinzugedacht** werden, ohne dass der tatbestandliche Erfolg **entfiele**.

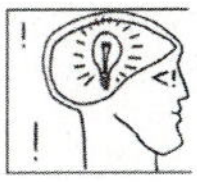

Der Lebensretter

Er denkt sich (möglichst anschaulich in einer großen „Gedankenblase“): Wäre ich rechtzeitig ins Wasser gesprungen und zur ertrinkenden Person geschwommen, dann wäre sie nicht ertrunken und läge nicht am Meeresgrund, sondern wäre am Strand wieder zu sich gekommen.

Erläuterung:

- ⇨ Das Schwimmen zum Ertrinkenden: Das Hinzudenken der erwarteten Handlung
- ⇨ Die gerettete Person am Strand und nicht am Meeresgrund: Das Entfallen des tatbestandlichen Erfolgs

Problem:

„Anforderungen an die erwartete Handlung bei hypothetischer Kausalität?“[45]

11. Die Konkurrenzen (§§ 52, 53 StGB)

11.1 Natürliche Handlungseinheit

Def. ⇨ Mehrere **im Wesentlichen gleichartige** Verhaltensweisen werden von einem **einheitlichen Willen** getragen und sind aufgrund ihres **räumlich-zeitlichen Zusammenhangs** derart **eng miteinander verbunden**, dass das gesamte Tätigwerden **objektiv** auch **für einen Dritten** bei **natürlicher Betrachtungsweise** als ein **einheitliches, zusammengehöriges Tun** erscheint.

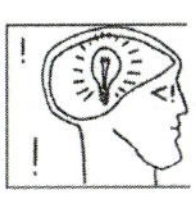

Der Amoklauf des Küchengesellen

Plötzlich schwingt er sein Messer und ersticht, mit rasendem Blick, den Küchenchef. Entgeistert rennt er vor die Tür der Küche, die auf eine kleine Hinterhofgasse hinausgeht. Er läuft schnell weiter, unter den vielen zwischen den Häusern aufgespannten Wäscheleinen hindurch, und kommt nach kurzer Zeit an die Hauptstraße. Ohne zu zögern läuft er auf einen Motorradfahrer zu, blickt ihn ebenso rasend an wie zuvor in der Küche, und sticht auch diesen nieder.

---

45 Joecks, § 13 Rn. 16.

Ein Pressephotograph, der zufällig auf der anderen Straßenseite steht, bannt die Szene geistesgegenwärtig auf Film. Eine große Touristengruppe blickt erschrocken auf das Geschehen und drängt sich schreiend eng zusammen, als der wild wütende Täter vorbeiläuft, ohne sie eines Blickes zu würdigen.

Erläuterung:

- ⇨ Der Messerstich in der Küche und auf der Hauptstraße: Im wesentlichen gleichartige Verhaltensweisen
- ⇨ Die rasenden Blicke bei den Stichen: Von einem einheitlichen Willen getragen
- ⇨ Der schnelle Lauf und die Nähe zur Hauptstraße: Räumlich-zeitlicher Zusammenhang
- ⇨ Die Wäscheleinen: Eng miteinander verbunden
- ⇨ Die Kamera des Fotografen: Objektiv
- ⇨ Der stehende Fotograf: Für einen Dritten
- ⇨ Die schafgleichen Blicke der Menschenmenge: Natürliche Betrachtungsweise
- ⇨ Das gemeinsame Kreischen und Zusammenrücken: Einheitliches, zusammengehöriges Tun

Problem:

„Ist eine Annahme von natürlicher Handlungseinheit möglich, wenn höchstpersönliche Rechtsgüter verschiedener Personen verletzt werden?“[46]

11.2 Spezialität

Def. ⇨ Eine Strafvorschrift **enthält** begriffsnotwendig **alle Merkmale** einer anderen.

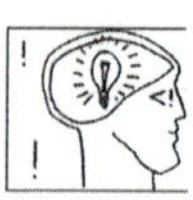

Eine Flasche „Spezi“

Das Glas der Flasche umfasst zur Gänze den Inhalt.

[46] Joecks, Vor § 52 Rn. 7 f.

Erläuterung:

⇨ Umfasst zur Gänze den Inhalt: enthält alle Merkmale

11.3 Subsidiarität

Def. ⇨ Eine Strafvorschrift ist nur hilfsweise anwendbar, sie beansprucht also **nur für den Fall** Geltung, dass **nicht schon eine andere** eingreift (Beispiel: §§ 246, 145d, 258 StGB)

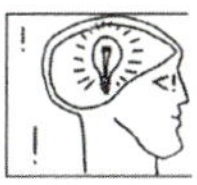

Das U-Boot (engl. submarine) taucht unter, wenn ein Schlachtschiff am Horizont zu sehen ist.

Erläuterung:

⇨ Untertauchen bei Anwesenheit des anderen Schiffes: Nur dann anwendbar, wenn nicht schon eine andere Vorschrift greift.

11.4 Konsumtion

Def. ⇨ Ein Straftatbestand ist in einem anderen **nicht notwendig enthalten**, die eine Tat trifft aber **regelmäßig und typischerweise** mit der Begehung einer anderen zusammen, sodass ihr **Unrechts- und Schuldgehalt** durch die schwerere Deliktsform **miterfasst und aufgezehrt wird.**

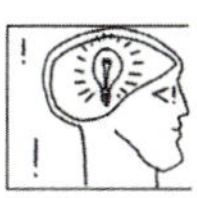

Der Wohnungseinbruch des Diebes

Er steht vor der Tür und hat gelernt, mit seinem Brecheisen umzugehen. Wo er früher die Schlösser noch beschädigte, hebelt er sie jetzt geschickt auf und hinterlässt keine Spuren.

Dies ist ihm aber erst nach sehr langer Erfahrung, die sich an den Schwielen an seinen Händen zeigt, möglich. Er schleicht zum Schmuckkästchen im Gang und nimmt eine kleine Perle und eine mächtige diamantene Halskette mit. Beim späteren Verkauf wird die Perle nicht ins Gewicht fallen. Er gibt sie dem Hehler als kostenloser Bonus.

Erläuterung:

⇨ Das beschädigungslose Öffnen und die frühere Beschädigung: Nicht notwendig enthalten

- ⇨ Die Schwielen an den Händen als Zeichen langer Erfahrung: Regelmäßig und typischerweise zusammentreffend
- ⇨ Die kleine Perle als kostenlose Beigabe: Unrechts- und Schuldgehalt wird miterfasst und aufgezehrt

Problem:

„Kann ein verwirklichtes Regelbeispiel Straftatbestände konsumieren?"[47]

11.5 Echte Wahlfeststellung

Def. ⇨ Neben einer **Unsicherheit im Sachverhalt** müssen die in Betracht kommenden Verhaltensweisen **rechtsethisch** und **psychologisch vergleichbar oder gleichwertig** sein.[48]

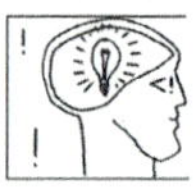

Das Rätsel der Standuhr

Der Polizist steht auf der Wache vor einem Rätsel: Hat der Verdächtige, in dessen Wohnung die gestohlene Standuhr gefunden wurde, diese selbst entwendet oder als Hehler angekauft?

Er denkt daran, wie ein Richter wohl über dem Hehler als auch dem Dieb in gleicher Weise vorwurfsvoll mahnend den Finger heben würde. Zudem hätten sowohl Diebe als auch Hehler einen ähnlich verbrecherischen Blick, nicht ganz so schlimm wie die Räuber und sonstige.

Er entschließt sich, erfreut über seine Genialität, den Gedanken weiterzuverfolgen.

Erläuterung:

- ⇨ Die Standuhr mit rätselhaftem Weg: Unsicherheit im Sachverhalt
- ⇨ Der mahnende Finger des Richters: Rechtsethisch vergleichbar oder gleichwertig
- ⇨ Der verbrecherische Blick: Psychologisch vergleichbar oder gleichwertig

[47] Diehn, Strafrecht 1, Streitstand 53; eine typische Konstellation stellt das Zusammentreffen von §§ 242, 243 I S. 2 Nr. 1 und §§ 123 I, 303 I StGB dar.

[48] Der 2. Strafsenat des BGH bezweifelt die Verfassungsmäßigkeit der echten Wahlfeststellung, vgl. Beschluss vom 28.01.2014 – 2 StR 495/12. Er hat deshalb bei den übrigen Strafsenaten gem. § 132 III GVG angefragt, ob sie sich dieser Rechtsansicht anschließen oder an ihrer bisherigen, entgegenstehenden Rechtsprechung festhalten. Halten Sie diese aktuelle Entwicklung im Blick.

Problem:

„Identität des Unrechtskerns oder rechtsethische und psychologische Vergleichbarkeit als Voraussetzung der echten Wahlfeststellung?“[49]

11.6 Rechtsethische Vergleichbarkeit

Def. ⇨ Es liegt eine **annähernd gleiche Schwere** der Schuldvorwürfe und eine nach **allgemeinem** Rechtsempfinden **sittlich und rechtlich vergleichbare** Bewertung vor.

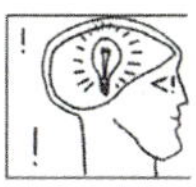

Emma und die Kiste

Der Dieb trägt die schwere Kiste zum Hehler, dieser öffnet erfreut die Tür. Die Leute im Haus schütteln still den Kopf ob dieses Treibens, viel mehr stört die Leute aber die Prostituierte Emma im Stockwerk darüber, die schon oft ergebnislos von den Hausbewohnern angezeigt wurde. Die Polizisten kamen immer recht amüsiert zur Tür und gingen bald wieder.

Erläuterung:

- ⇨ Die schwere Beute: Annähernd gleiche Schwere der Schuldvorwürfe
- ⇨ Die Echauffiertheit der Hausbewohner: Das allgemeine Rechtsempfinden
- ⇨ Die Prostituierte: Sittlich vergleichbar
- ⇨ Die (amüsierten) Polizisten: Rechtlich vergleichbar

11.7 Psychologische Vergleichbarkeit

Def. ⇨ Es besteht eine **einigermaßen gleichgeartete seelische Beziehung des Täters** zu den mehreren in Frage stehenden Verhaltensweisen.

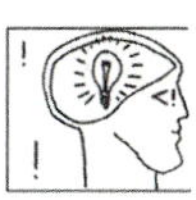

Der abgebrühte Beschuldigte beim Verhör

Er zuckt mit den Schultern und gibt zu Protokoll: „Mir ist es relativ gleich, ob mir ein Diebstahl oder eine Hehlerei vorgeworfen wird. Beides kenn ich, beides macht mir nichts.“

[49] Diehn, Strafrecht 1, Streitstand 54.

Erläuterung:

Das Zucken mit den Schultern: Die einigermaßen gleichgeartete seelische Beziehung des Täters zu den Taten.

11.8 Unechte Wahlfeststellung

Def. ⇨ Die vom Täter **verwirklichte Strafnorm ist gewiss**, es ist nur unsicher, **welche der Handlungen** den Straftatbestand konkret verwirklicht hat.

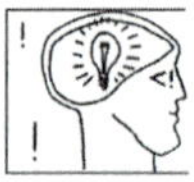

Zwei Fotos sind genug

Dem Täter werden vor Gericht zwei Fotos vorgelegt, die ihn bei zwei verschiedenen „Einbrüchen“ in dasselbe Haus zeigen. Unklar ist nur, bei welchem er das Diebesgut mitnahm. Er steht triumphierend auf, streckt seine Hände geständig vor für die Handschellen und grinst: „Ich habe die Beute gestohlen, aber jetzt weisen sie mir erst einmal nach, bei welchem Diebstahl!“ Der Richter grinst zurück: „Das brauche ich gar nicht.“ Und die Handschellen klicken.

Erläuterung:

- ⇨ Das grinsende Hinschalten der Hände: Die Strafnorm ist gewiss
- ⇨ Die Fotos: Unsicherheit über die konkrete Handlung

Anmerkung: Folge der unechten Wahlfeststellung (auch Tatsachenalternativität genannt) ist, dass der Täter ohne Klärung der Handlungsfrage verurteilt werden kann, daran erinnert das Grinsen des Richters am Ende.

11.9 Postpendenz

Def. ⇨ Von zwei Sachverhalten bleibt nur der **zeitlich frühere ungeklärt**, der zweite, **spätere**, **steht fest**.

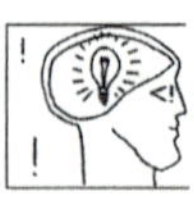

Betrachtung der Bestandteile des Wortes

Erläuterung:

- ⇨ Pendenz wie das Pendel: Hin und her, zwischen geklärt und ungeklärt, also ist nur eins geklärt.
- ⇨ Post wie in „post mortem“: Nur das spätere ist geklärt.

Problem:

„Eindeutige Verurteilung oder echte Wahlfeststellung bei Postpendenz?“[50]

[50] Diehn, Strafrecht 1, Streitstand 55.

II. DEFINITIONEN DES BESONDEREN TEILS I

1. Mord (§ 211 StGB)

1.1 Mordlust

Def. ⇨ Mordlust liegt vor, wenn der Antrieb zur Tat allein dem **Wunsch** entspringt, einen anderen **sterben zu sehen**, einziger Zweck des Handelns somit die **Tötung des Opfers** als solche ist.

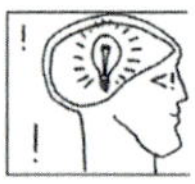

Der Amokläufer

Seine Augen blitzen wild, er sieht zu, wie die Getroffenen sterben. Er lässt ihre Geldbörsen in den Taschen.

Erläuterung:

- ⇨ Das wilde Blitzen: der Wunsch
- ⇨ Er sieht sie sterben: einen anderen sterben zu sehen
- ⇨ Das Liegenlassen der Geldbörsen: einziger Zweck ist die Tötung als solches

1.2 Habgier

Def. ⇨ Ein **ungezügeltes** und **rücksichtsloses Streben nach Gewinn** um **jeden Preis**.

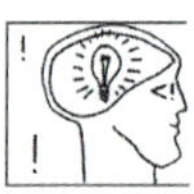

Der Grabräuber

Er reißt mit Seilen die Deckel von den Sarkophagen und sieht die Schatten links und rechts nicht. Es geht ihm um die Schätze im Innern. Dass der wertvolle Sarkophag selbst Risse erhält, stört ihn nicht.

Erläuterung:

- ⇨ Das wilde Reißen: Ungezügelt
- ⇨ Die ungesehenen Schatten: Rücksichtslos

⇨ Die Schätze im Innern als Ziel: Streben nach Gewinn

⇨ Die Gleichgültigkeit gegenüber den Rissen: Um jeden Preis

Problem:

„Handelt auch habgierig, wer sich nur Aufwendungen ersparen will?“[51]

1.3 Sonstige niedrige Beweggründe

Def. ⇨ Alle Tatantriebe, die nach allgemeiner rechtlich-sittlicher **Wertung** auf tiefster **Stufe** stehen, durch hemmungslose **Eigensucht** bestimmt und deshalb **besonders verachtenswert** sind.

Der Eifersuchtsmord

Er zeigt anklagend mit dem Finger auf seine Ehefrau, die gerade die Wohnungstreppe hinaufkommt. In der einen Hand hat er ein Messer, mit der anderen hält er sich seinen Kopf: Er will nur, dass diese Kopfschmerzen aufhören. Draußen im Hausgang hören die Nachbarn die Schreie und blicken herablassend auf die Wohnungstür des Ehepaars.

Erläuterung:

⇨ Der anklagende Fingerzeig: Wertung

⇨ Die Wohnungstreppe hinab: Auf tiefster Stufe

⇨ Der selbstversunkene Griff an den Kopf: Eigensucht

⇨ Die herablassenden Blicke: Besonders verachtenswert

1.4 Grausam

Def. ⇨ Grausam tötet, wer dem Opfer im Rahmen der Tötungshandlung aus **gefühlloser, unbarmherziger Gesinnung** durch **Dauer**, **Stärke** oder **Wiederholung** der Schmerzverursachung **besonders schwere Qualen** körperlicher oder seelischer **Art** zufügt.

---

[51] Joecks, § 211 Rn. 15.

Attentat mit der Cluster-Bombe

Der vom Leben Enttäuschte steht ruhig, mit kaltem Blick, über der Bombe. Sein Herz schlägt ruhig. Er stellt die Zeitzünder ein. Wenig später explodiert die Bombe auf der Straße in einem mächtigen, hellen Knall. Wieder und wieder schlagen die Splitter bei den Menschen ein. Die Getroffenen wälzen sich am Boden. Viele Körper liegen herum. Tage später stehen die Angehörigen an den Gräbern und weinen.

Erläuterung:

⇨ Kalter Blick: Gefühllos

⇨ Ruhiger Herzschlag: Unbarmherzig

⇨ Wenig später: Dauer

⇨ Heller Knall: Stärke

⇨ Wieder und wieder die Splitter: Wiederholung

⇨ Sich wälzende Getroffene: Besonders schwere Qualen körperlicher Art

⇨ Weinende Angehörige: Qualen seelischer Art

1.5 Gemeingefährlich

Def. ⇨ Ein Tatmittel ist gemeingefährlich, wenn dessen Einsatz geeignet ist, über das oder die ausersehene Opfer **hinaus** eine Mehrzahl **unbeteiligter** Dritter an Leib oder Leben zu **gefährden**, weil der Täter die Wirkungsweise des Mittels in der konkreten Situation **nicht sicher zu beherrschen** vermag.

Giftgasanschlag auf den Politiker

Nicht nur er wird davon erfasst werden, auch die Menschen auf seiner Veranstaltung. Der Täter kann nur das Gas entweichen lassen, danach entscheiden nur noch die Gesetze der Physik über die Verteilung des Giftgases in der Luft.

Erläuterung:

⇨ Nicht nur er: Über das Opfer hinaus

⇨ Veranstaltungsteilnehmer: Unbeteiligte Dritte

⇨ Fehlender Einfluss des Täters auf die Gasverteilung: Nicht sicher zu beherrschen vermag

Anmerkung: Es wurde bewusst nicht die eigentlich typische Situation des sich gerade ereignenden Anschlags geschildert, um zu verdeutlichen, dass für die Erfüllung des Merkmals die bloße Gefährdungsmöglichkeit durch den Einsatz genug ist. Grund der Qualifikation ist also der Gefährdungscharakter. Zu beachten ist demgegenüber, dass im deutschen Recht anders als in anderen Rechtsordnungen das Töten mehrerer Personen ohne Erfüllung eines der in § 211 StGB geregelten Mordmerkmale grundsätzlich keinen Mord, sondern nur einen Totschlag darstellt.

1.6 Heimtückisch

Def. ⇨ Heimtückisch handelt, wer **in feindlicher Willensrichtung** die **Arg- und Wehrlosigkeit** des Opfers **bewusst** zur Tötung **ausnutzt**.

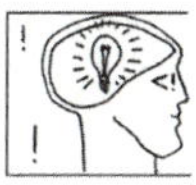

Die Keule hinter dem Rücken

Der Täter schleicht sich, mit einer Keule hinter dem Rücken, an die in der Sonne mit geschlossenen Augen liegende Person heran. Die Person hat die Hände hinter dem Kopf verschränkt. Der Täter holt aus, zielt genau und trifft die Person, wie er es wollte.

Erläuterung:

⇨ Keule hinter dem Rücken: Feindliche Willensrichtung

⇨ Geschlossene Augen: Arglos

⇨ Hände hinter dem Kopf verschränkt: wehrlos

⇨ Er holt aus: Bewusst

⇨ Wie er es wollte: Ausnutzt

Problem:

„Wie ist der Heimtückebegriff restriktiv auszulegen?“[52]

[52] Joecks, § 211 Rn. 31; Diehn, Strafrecht 2, Streitstand 6.

1.7 Arglos

Def. ⇨ Der ist arglos, der sich im Zeitpunkt der Tat **keines tätlichen Angriffs** auf seine körperliche Unversehrtheit oder sein Leben **versieht**.

Die Keule hinter dem Rücken: Abwandlung

Hier kann man wieder an die Person zuvor denken, die mit geschlossenen Augen, nun mit einer Augenbinde als Einschlafhilfe, in der Sonne liegt.

Erläuterung:

⇨ Augenbinde: sich keines Angriffs versieht

Problem:

„Normative Einschränkung der Arglosigkeit bei vorheriger Herbeiführung einer Notwehrlage durch das Opfer?“[53]

1.8 Wehrlos

Def. ⇨ Wehrlos ist, wer infolge seiner Arglosigkeit **zur Verteidigung außer Stande** oder **in seiner Verteidigung stark eingeschränkt** ist.

Die Keule hinter dem Rücken: Zoom

Auch hier wieder denkt man an die Person: Der Kopf ist voll dem Stand der Sonne ausgesetzt und die Person ist deswegen, trotz Sonnenbrille, geblendet. Die Hände sind hinter dem Kopf verschränkt.

Erläuterung:

⇨ Blendung durch den Stand der Sonne: Zur Verteidigung außer Stande

⇨ Hinter dem Kopf verschränkt: In seiner Verteidigung stark eingeschränkt

---

53 Roxin in: JZ 2003, 961 (Anmerkung zum Urteil des BGH).

1.9 Ausnutzung der Arg- und Wehrlosigkeit

Def. ⇨ Der Täter nutzt die von ihm vorgefundene oder herbeigeführte **Lage** der Arg- und Wehrlosigkeit im Wege des **listigen**, **hinterhältigen** oder **planmäßig-berechnenden** Vorgehens bewusst zu einem **Überraschungsangriff** aus und **hindert** das Opfer so daran, sich zu **verteidigen**, zu **fliehen**, Hilfe **herbeizurufen** oder dem Anschlag auf sein Leben **sonst wie Hindernisse** entgegenzusetzen.

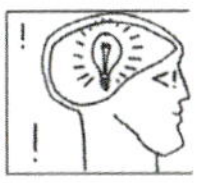

Die Keule hinter dem Rücken: Abwandlung II

Wieder besagte Situation, es gibt aber drei Täter: Der eine nähert sich mit harmlosem Gruß von links, der nächste schleicht sich, wie oben beschrieben, an und der letzte sitzt hinter dem nächsten Stein und brütet über einem Lageplan. Das Opfer schläft, weil es von einer großen Geburtstagstorte gegessen hatte. Bei jedem der Täter könnte es nicht die auf dem Beitisch liegende Pistole einsetzen, auch nicht auf dem naheliegenden Weg weglaufen, die in einiger Entfernung Liegenden verständigen oder irgendetwas Unerwartetes (auf dem Plan hinter dem Stein: Ein großes X) tun.

Erläuterung:

- ⇨ Er nähert sich mit harmlosem Gruß: listig
- ⇨ Der Nächste schleicht sich an: hinterhältig
- ⇨ Der Letzte brütet über einem Lageplan: planmäßig-berechnend
- ⇨ Schlaf des Opfers: die Lage

1.10 Absicht

Def. ⇨ Absicht ist gegeben, wenn es dem Täter bei der Tötung **darauf ankommt**, eine andere Straftat zu ermöglichen oder zu verdecken, wobei diese Absicht nicht die einzige Triebfeder für den Tötungsentschluss sein muss.

Erläuterung:

Es wird die Definition der Absicht (siehe oben) mit dem weiteren Tatbestand kombiniert. An das ausreichende Motivbündel kann man sich dadurch erinnern, dass im Tatbestand selbst zwei Möglichkeiten (ermöglichen oder verdecken) genannt ist, also auch dort ein „Bündel“ vorliegt.

1.11 Verdeckungsabsicht

Def. ⇨ Derjenige hat Verdeckungsabsicht, der tötet, um dadurch eine **vorangegangene** Straftat als solche oder **auch Spuren** zu verdecken, die bei **näherer Untersuchung** Aufschluss über **bedeutsame Umstände** der Tat geben können.

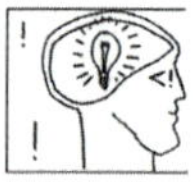

Sherlock Holmes über dem verwischten blutigen Fingerabdruck

Die Tat ist geschehen. Er hat bereits weitere Anhaltspunkte mit seiner Lupe untersucht. Nun blickt er genau auf den verwischten Abdruck, den der Täter trotz seiner Absicht nicht ganz beseitigen konnte. Er sieht genau auf den Rand des Abdrucks und findet einen Riss. Hieraus kann er auf den Täter folgern.

Erläuterung:

- ⇨ Die Tat ist geschehen: vorangegangene Straftat
- ⇨ Verwischter Abdruck: Spuren zu verdecken
- ⇨ Genauer Blick mit der Lupe: bei näherer Untersuchung
- ⇨ Der gefundene Riss: Aufschluss über bedeutsame Umstände

Probleme:

1. „Verdeckungsmord bei pflichtwidrig unterlassener Abwendung des Todeserfolges durch Garant?“[54]

2. „Verdeckungsabsicht nur, wenn Verdeckung gegenüber den Strafverfolgungsbehörden gewollt?“[55]

---

[54] Joecks, § 211 Rn. 59; Diehn, Strafrecht 2, Streitstand 7.

[55] Joecks, § 211 Rn. 51; Diehn, Strafrecht 2, Streitstand 8.

2. Tötung auf Verlangen (§ 216 StGB)

2.1 Verlangen

Def. ⇨ Verlangen ist **mehr als** bloßes **Einwilligen**, das Opfer muss seine Tötung **ernstlich begehrt** und dieses Begehren **ausdrücklich**, also durch Worte, Gesten oder Gebärden unmissverständlich kundgetan haben.

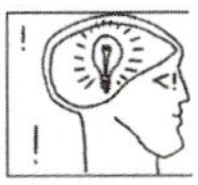

Fragebogen am Krankenbett

Am Krankenbett liegt ein Fragebogen. Der Kranke streckt seine Hand nach der Schwester aus und spricht mit ihr.

Erläuterung:

- ⇨ Fragebogen: mehr als bloßes Einwilligen
- ⇨ Ausstrecken der Hand: ernstlich begehrt
- ⇨ Er spricht mit ihr: ausdrücklich kundgetan

2.2 Ernstlich

Def. ⇨ Ein Verlangen ist nur dann ernstlich, wenn es auf einem **freiverantwortlichen Willensentschluss** und einer **fehlerfreien Willensbildung** beruht.

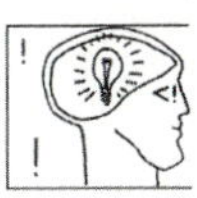

Fragebogen am Krankenbett: Fortsetzung

Weiter mit dem Kranken: Er weist die Ärzte von sich, die ihn beeinflussen wollen, und blickt mit beiden Augen geistig fest geradeaus, ohne unstete Augen, klar und stark.

Erläuterung:

- ⇨ Der feste Blick geradeaus: freiverantwortlicher Willensentschluss
- ⇨ Klare Augen: fehlerfreie Willensbildung

Anmerkung: Um die beiden Bilder auseinanderzuhalten, betrachtet man für das erste Bild am besten das gesamte Gesicht und nimmt den Eindruck wahr, den es vermittelt. Für das zweite Bild geht man näher an die Augen heran, bis sie fast das gesamte Blickfeld ausfüllen, und erkennt dann, dass sie klar und unbeeinflusst sind (für eine bildlich-gegenständlichere Art der Darstellung kann man sich auch beim nahen Blick auf die Augen bewusst machen, dass diese nur von einer Farbe und in dieser vollkommen klar sind.). Wie man noch später sehen wird, kann man nahe beieinanderliegende „Bilder" also durch einen Unterschied in der Nähe der Betrachtung und auch durch einen Unterschied im Blickwinkel getrennt wahrnehmen.

3. Aussetzung (§ 221 StGB)

Def. ⇨

3.1 Versetzen in eine hilflose Lage

Dies liegt vor, wenn das Opfer unter dem **bestimmenden Einfluss des Täters** in eine Situation gebracht wird, in der es sich **ohne fremde Hilfe nicht** gegen Gefahren für sein Leben oder seine Gesundheit **schützen kann** und es solcher **Hilfe entbehrt**.

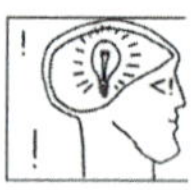

Der Verräter

Eine Gruppe Bergsteiger geht in Richtung Gipfel. Einem der ihren haben sie die Bergkarte und den Kompass überlassen. Als sie auf einem Plateau angekommen sind, zieht ein Sturm auf. Die alpinistischen Anfänger kauern sich ängstlich aneinander und ein Blitz schlägt unmittelbar neben dem Äußersten der Gruppe ein. Der Karten- und Kompassträger jedoch entfernt sich eilig, obwohl ihm der Rest der Gruppe, der sich aus Angst vor Blitz und Gewitter nicht mehr bewegen kann, die Arme flehend hinterherreckt.

Erläuterung:

- ⇨ Das Innehaben von Karte und Kompass: Bestimmender Einfluss
- ⇨ Das Zusammenkauern: Ohne fremde Hilfe
- ⇨ Der ungehindert einschlagende Blitz: Sich nicht schützen kann
- ⇨ Das Hinterherrecken der Arme: Solcher Hilfe entbehrt

Problem:

„Ist für ein Versetzen eines Ortsveränderung des Opfers nötig?"[56]

3.2 Im-Stich-Lassen

Def. ⇨ Dies liegt **nicht nur bei räumlichem Verlassen** vor, sondern auch dann, wenn der Beistandspflichtige sich der Beistandsleistung **vorsätzlich trotz Möglichkeit entzieht**.

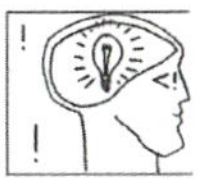

Seelenruhig

Die Geschichte nun anders: Die Gruppe ist mit einem Bergführer, der versprochen hat sie zu beschützen, hinauf bis zum Plateau gelangt. Das Gewitter zieht auf. Der Bergführer entfernt sich zwar nicht, er setzt sich aber, bewusst nicht auf die Hilferufe hörend, neben die Gruppe auf einen Stein, legt Kompass und Bergkarte neben sich und schließt meditativ die Augen, sich in sich selbst zurückziehend.

Erläuterung:

- ⇨ Das Sichsetzen: Nicht nur bei räumlichem Verlassen
- ⇨ Das bewusste Weghören: Vorsätzlich
- ⇨ Kompass und Bergkarte: Trotz (Rettungs)möglichkeit
- ⇨ Er schließt die Augen: Sich entzieht

3.3 Hilflose Lage

Def. ⇨ Diese ist dann gegeben, wenn das Opfer erst **durch das Im-Stich-Lassen** der **Gefahr ausgesetzt** oder diese **messbar erhöht** wird.

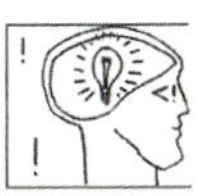

Seelenruhig: Fortsetzung

Die einsame Gruppe hat zwar einige erfahrene Bergsteiger, die mit Hilfe dieser beiden Gegenstände alle hätten sicher nach unten führen können, ohne die Gegenstände sind aber auch diese hilflos, was man an ihren verzweifelten Gesichtern ablesen kann.

---

56 Hillenkamp BT, Problem Nr. 3; Joecks, § 221 Rn. 6; Diehn, Strafrecht 2, Streitstand 16.

Zudem beginnt es beginnt stark zu regnen, ein Blitz schlägt nahe der Gruppe ein und der Wasserspiegel auf dem Plateau steigt unübersehbar.

Erläuterung:

- ⇨ Die einsame Gruppe: Das Im-Stich-Lassen
- ⇨ Das Wegnehmen der Hilfsgeräte und die verzweifelten Gesichter: Durch (das Im-Stich-lassen)
- ⇨ Der starke Regen und der nahe Blitz: Der Gefahr ausgesetzt
- ⇨ Der steigende Wasserspiegel: (die Gefahr) messbar erhöht

4. Körperverletzung (§ 223 StGB)

4.1 Körperliches Misshandeln

Def. ⇨ Alle **substanzverletzenden Einwirkungen** auf den **Körper** des Opfers sowie jede **üble und unangemessene Behandlung**, durch die das **körperliche Wohlbefinden** oder die **körperliche Unversehrtheit** mehr **als nur unerheblich** beeinträchtigt wird.

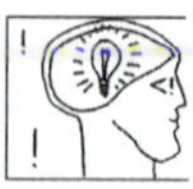

Beim Ritterturnier

Der erste Schlag mit der Keule durchschlägt den Schild und reißt eine Schramme in den Oberarm des Gegners. Einer edlen Dame wird vom Anblick des Blutes übel und sie lässt ihr Apfelschälmesser aus der Hand fallen. Der Getroffene hat immer noch ein zuversichtliches Grinsen im Gesicht, sein anderer Arm ist ohne einen Kratzer. Er hebt schnell sein Schwert, treibt den Gegner zurück und gewinnt das Gefecht.

Erläuterung:

- ⇨ Der durchschlagene Schild: Substanzverletzende Einwirkung
- ⇨ Schramme im Oberarm: Körper
- ⇨ Übelkeit der Dame: Übel

- ⇨ Messer: Unangemessen
- ⇨ Grinsen: (körperliches) Wohlbefinden
- ⇨ Unverwundeter Arm: Körperliche Unversehrtheit
- ⇨ Heben des Schwertes: Mehr als nur unerheblich

Problem:

„Inwiefern sind ärztliche Heileingriffe als Körperverletzung anzusehen?“[57]

4.2 Gesundheitsschädigung

Def. ⇨ Diese ist das **Hervorrufen** oder **Steigern** eines **vom Normalzustand** der körperlichen Funktionen des Opfers **nachteilig abweichenden** pathologischen Zustandes körperlicher **oder** seelischer Art, eine **Schmerzempfindung** ist **nicht** notwendig.

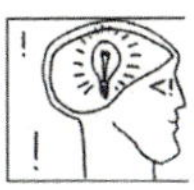

Die bewusste Fieberansteckung

Nach einem gezielten, heftigen Huster des Täters hat das Opfer nach einigen Tagen erste Erkältungssymptome. Sie werden stärker, das Husten lauter. Es legt sich krank ins Bett, der Kopf auf dem Kissen ruhend. Sowohl ist der Körper nur schwer zu bewegen, ein Aufstehen scheitert, als auch sind die Augen rot gefärbt und unstet. Die Mutter steht stolz an der Tür, weil ihr Sohn immer sagt, er habe keinerlei Schmerzen. Zur Bestätigung hebt er noch einmal abwehrend die Hand und lächelt.

Erläuterung:

- ⇨ Die Ansteckung durch den Huster: Hervorrufen
- ⇨ Stärkere Symptome, lauteres Husten: Steigern
- ⇨ Krank im Bett: Vom Normalzustand nachteilig abweichend (Normalzustand wäre: Müde im Bett)
- ⇨ Aufstehen scheitert: Körperlicher Art

[57] Joecks, Vor § 223 Rn. 10; Diehn, Strafrecht 2, Streitstand 9.

⇨ Die unsteten Augen: Seelischer Art

⇨ Die stolze Mutter und das Lächeln: Schmerzempfindung nicht notwendig

4.3 Störung des seelischen Befindens

Def. ⇨ Diese stellt dann eine Gesundheitsschädigung dar, wenn sie einen **pathologischen**, **somatisch objektivierbaren** Zustand hervorruft, den **körperlichen Zustand** also **nicht nur unerheblich verschlechtert**.

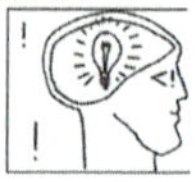

Der Elefantenpfleger

Er hat ebensolche Angst vor Mäusen wie die Tiere, um die er sich kümmert. Kommt eine Maus, dann klopft sein Herz so schnell, dass er nur noch ein Flimmern vor den Augen sieht und er nicht nur schwindlig durch den Käfig stolpert, sondern sogar beinahe das Gleichgewicht verliert.

Erläuterung:

⇨ Angst vor Mäusen: Pathologisch

⇨ Schnelles Herzklopfen: Somatisch (= körperlich) objektivierbar

⇨ Flimmern vor den Augen: Körperlicher Zustand

⇨ Nicht nur Stolpern, sondern beinahe Verlust des Gleichgewichts: Nicht nur unerheblich verschlechtert

5. Gefährliche Körperverletzung (§ 224 StGB)

5.1 Gift

Def. ⇨ Ein **organischer** oder **anorganischer Stoff**, der **unter bestimmten Bedingungen** durch **chemische** oder **chemisch-physikalische Wirkung** geeignet ist, **die Gesundheit zu schädigen**.

Der Giftanschlag am Tisch

Sowohl im Zucker als auch am Brotmesser ist ein Gift. Das Opfer lässt beides in den Mund gelangen. Plötzlich schäumt sein Mund und es hat ein sehr heißes Gefühl in der Luftröhre und legt die Hand deshalb auf die Brust. Der Zustand des Opfers verschlechtert sich schnell und es muss eingeliefert werden.

Erläuterung:

- ⇨ Zucker: Organischer Stoff
- ⇨ Messer (= Metall): Anorganischer Stoff
- ⇨ In den Mund gelangen: Unter bestimmten Bedingungen
- ⇨ Mundschäumen: Chemische Wirkung
- ⇨ Heißes Gefühl in der Luftröhre: Chemisch-physikalische Wirkung
- ⇨ Einlieferung ins Krankenhaus: Gesundheit zu schädigen

5.2 Andere gesundheitsschädliche Stoffe

Def. ⇨ Dies sind Substanzen, die **mechanisch** oder **thermisch wirken** sowie **krankheitserregende Mikroorganismen**.

Anschlag auf das Giftopfer

Der Täter hat sein Ziel nicht erreicht, das Opfer liegt nur verletzt im Krankenhaus.

Er tut also drei Dinge: Ins Essen hat er kleine Eisennägel gemischt, die Metalllehnen des Bettes hat er bis zu einem gefährlichen Grad erhitzt und durch die Belüftung sendet er mikroskopische Sporen eines seltenen Krankheitspilzes.

Erläuterung:

- ⇨ Eisennägel: Mechanisch
- ⇨ Erhitzte Lehnen: Thermisch
- ⇨ Sporen: Mikroorganismen

5.3 Beibringung

Def. ⇨ Eine Beibringung ist dann gegeben, wenn der Täter den Stoff **mit dem Körper** des Opfers derart **in Verbindung** gebracht hat, dass der Stoff seine gesundheitsschädliche Wirkung **entfaltet**.

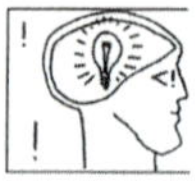

Anschlag auf das Giftopfer: Fortsetzung

Die Organismen gelangen in die Lunge des Opfers und heften sich dort an die Innenwände des Organs. Nach kurzer Zeit zeichnet sich innen in der Lunge ein sich ausbreitendes dunkles Muster ab.

Erläuterung:

⇨ An die Innenwände: Mit dem Körper in Verbindung

⇨ Ausbreitendes dunkles Muster: Entfaltet (die Wirkung)

5.4 Waffe

Def. ⇨ Hierunter ist eine Waffe im **technischen Sinn** zu verstehen, also ein **gebrauchsbereites** Werkzeug, das nach der Art seiner **Anfertigung** nicht nur **geeignet**, sondern auch allgemein dazu **bestimmt** ist, Menschen durch seine **mechanische** oder **chemische** Wirkung körperlich zu verletzen.

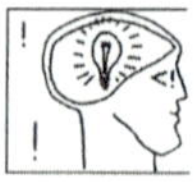

Tod aus dem Katalog

Der Killer sucht sich aus dem Waffenkatalog ein Modell aus, nachdem er die technischen Daten genau studiert hat. Als das Exemplar zugeschickt wird und er das Paket mit der Aufschrift „Ready For Instant Use" geöffnet hat, prüft er die Verarbeitung des Laufes. Er gibt einige zufriedenstellende Schüsse auf seine Zielpuppe ab und liest dann am Schaft: „Made For War". Er feuert noch eine Kugel auf eine Zielscheibe ab, die vom Metall unmittelbar durchschlagen wird. Wegen einer kleinen Säurekammer im Kopf der Kugel werden in den nächsten Sekunden auch noch Teile der Wand hinter der Zielscheibe weggeätzt. Er lächelt über diesen guten Kauf.

Erläuterung:

⇨ Technische Daten im Waffenkatalog: Waffe im technischen Sinn

- ⇨ Die Ready For Instant Use: gebrauchsbereit
- ⇨ Prüfung der Verarbeitung: Anfertigung
- ⇨ Zufriedenstellende Schüsse: geeignet
- ⇨ „Made for War": dazu bestimmt
- ⇨ Kugel durchschlägt die Zielscheibe: mechanische Wirkung
- ⇨ Die weggeätzte Wand: chemische Wirkung

Anmerkung: „Körperlich" wurde nicht in die Geschichte einbezogen, weil eine Waffe im Sinn der Definition nicht in der Lage ist, unmittelbar Verletzungen seelischer Art hervorzurufen. Zudem geht es hier um eine Qualifikation zum Tatbestand der Körperverletzung, so daß eine Abgrenzung zu psychischen Schäden nicht nötig war.

5.5 Werkzeug

Def. ⇨ Ein Werkzeug stellt einen **beweglichen** Gegenstand dar, der **durch Menschenkraft** gegen einen menschlichen **Körper** in **Bewegung** gesetzt wird, um diesen zu verletzen.

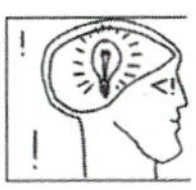

Der Heftklammernschütze

Er spannt den Gummifaden, zielt mit der Heftklammer auf den Hals seines Ziels, sie fliegt und fügt eine, wenn auch kleine, Wunde zu.

Erläuterung:

- ⇨ Heftklammer: Beweglicher Gegenstand
- ⇨ Das Spannen des Gummifadens: durch Menschenkraft
- ⇨ Der Hals des Ziels: menschlicher Körper
- ⇨ Der Flug: in Bewegung gesetzt

5.6 Gefährliches Werkzeug

Def. ⇨ Dies ist jeder **bewegliche Gegenstand**, der nach seiner **objektiven Beschaffenheit** und der **Art seiner Verwendung im konkreten Fall** geeignet ist, **erhebliche Verletzungen** zuzufügen.

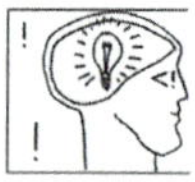

Holmes vor dem Briefbeschwerer

Er blickt auf das Objekt durch seine Lupe, er testet den Weg hin auf den Kopf eines imaginären, am Tisch sitzenden Menschen und geht wieder die auf dem Fensterbrett stehende Akte mit dem bisherigen Untersuchungsbericht durch. Auf dem Schreibtischstuhl sind noch die Blutspuren der großen Kopfwunde des Mordopfers zu sehen.

Erläuterung:

- ⇨ Briefbeschwerer: beweglicher Gegenstand
- ⇨ Der Blick durch die Lupe: Objektive Beschaffenheit
- ⇨ Der Test des Schlagwegs: Art seiner Verwendung
- ⇨ Der bisherige Untersuchungsbericht: im konkreten Fall
- ⇨ Blutspuren der großen Kopfwunde: erhebliche Verletzungen

Problem:

„Sind auch unbewegliche Gegenstände als gefährliches Werkzeug in Sinne des § 224 I Nr. 2 StGB anzusehen?“[58]

5.7 Erheblich

Def. ⇨ Verletzungen sind dann erheblich, wenn sie als **gravierend** und **schwerwiegend**, jedenfalls **nicht mehr als ausgesprochen leicht**, anzusehen sind.

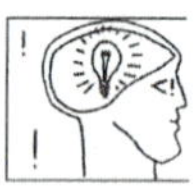

Der dicke Mann fiel aus dem Bett

Er hat sich sein Bein gebrochen, weil ihn seine Helfer nicht mehr tragen konnten und einfach fallen ließen. Einer zeigt auf die Waage, die unter dem Gewicht des Mannes schon lange den Geist aufgegeben hat.

- ⇨ Gebrochenes Bein: gravierend (gravierende Verletzung)
- ⇨ Helfer konnten ihn nicht mehr tragen: schwerwiegend
- ⇨ Die ausgefallene Waage: nicht mehr als ausgesprochen leicht anzusehen

58 Joecks, § 224 Rn. 21; Diehn, Strafrecht 2, Streitstand 10.

5.8 Überfall

Def. ⇨ Überfall ist jeder **plötzliche**, **unerwartete Angriff** auf einen **Ahnungslosen**.

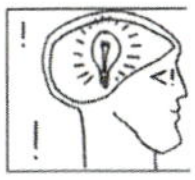

Seniorenbankraub

Sie reißen die Tür zur Bank auf, eine alte Dame schreckt aus ihrem gemütlichen Gespräch mit dem Schalterbeamten auf. Eine Pistole zeigt auf den Kollegen am anderen Schalter, der zuckt nur mit den Schultern, weil er nicht den Ort der Safeschlüssel kennt (Der Filialleiter ist in der Mittagspause.).

Erläuterung:

- ⇨ Aufreißen der Tür: Plötzlich
- ⇨ Die aufgeschreckte alte Dame: unerwartet
- ⇨ Die gezückte Pistole: Angriff
- ⇨ Schulterzucken des Schalterbeamten: Ahnungsloser

Anmerkung: Hier nun eine andere Geschichte als die in der Einführung angegebene. Dies soll die verschiedenen Gestaltungsmöglichkeiten bei der Geschichtenerstellung verdeutlichen. Der Leser kann natürlich auch diejenige aus der Einführung verwenden.

5.9 Hinterlistig

Def. ⇨ Ein Überfall ist hinterlistig, wenn der Täter seine **wahre Absicht planmäßig** berechnend **verdeckt**, um gerade dadurch dem Angegriffenen die **Abwehr zu erschweren**.

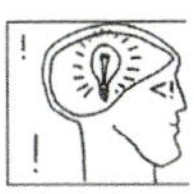

Der schlaue Bankräuber

Der schlaue Bankräuber kommt mit gefälschtem Ausweis und Kontounterlagen in den großen Hauptraum der Bankzentrale. Er hat in seiner Tasche einen Zettel, auf dem der ganze Ablauf des Überfalls minutiös vermerkt ist. Er folgt dem Beamten in den Saferaum und zieht, als dieser ihm den Rücken zudreht, seine versteckte Waffe. Er fordert den Beamten auf, alle Schließfächer zu öffnen, was jener auch tut. Der Bankräuber klopft zufrieden auf seine Jackentasche mit dem Ablaufplan und geht ruhig aus dem Gebäude.

Erläuterung:

- ⇨ Gefälschter Ausweis und Kontounterlagen: wahre Absicht verdeckt
- ⇨ Zettel mit dem Ablaufplan: planmäßig berechnend
- ⇨ Der zugedrehte Rücken: Abwehr zu erschweren

5.10 Mit einem anderen Beteiligten gemeinschaftlich

Def. ⇨ Hierfür müssen **mindestens zwei** Personen **am Tatort** zusammenwirken, **ohne notwendig Mittäter** zu sein.

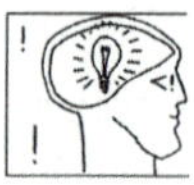

Tonya H. auf Abwegen

Die Eiskunstläuferin will ihre Kollegin verletzen. Sie schleicht sich mit ihrem Trainer zum Übungsort der Rivalin und verwirklicht selbst den Plan, während er derweil am Tor der Halle Schmiere steht.

Erläuterung:

- ⇨ Hinschleichen mit dem Trainer zusammen zum Übungsort: mindestens zwei Personen am Tatort zusammenwirken
- ⇨ Schmierestehen des Trainers: nicht notwendig Mittäter

Anmerkung: Das Verhalten des Trainers stellt, sofern er nicht einen übermäßigen Anteil an der Planung der Tat hatte, nur eine Beihilfe dar. Hierdurch erklärt sich, dass dies den zweiten Halbsatz der Definition codiert.

Problem:

„Fallen nur mittäterschaftliche Begehungen unter § 224 I Nr. 4 StGB?“[59]

5.11 Eine das Leben gefährdende Behandlung

Def. ⇨ Eine solche ist gegeben, wenn die **Verletzungshandlung** den **konkreten Umständen nach** objektiv **geeignet** war, das **Leben** des Opfers **in Gefahr** zu bringen.

---

59 Hillenkamp BT, Problem Nr. 5; Joecks, § 224 Rn. 33; Diehn, Strafrecht 2, Streitstand 11.

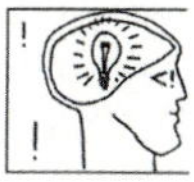

Nicht fangen!

Der Täter wirft eine Kiste mit Nitroglyzerin auf das Opfer, diese streift aber nur die Schulter und explodiert nicht. Das Opfer bleibt leicht verletzt stehen.

Erläuterung:

- ⇨ Der Wurf: den konkreten Umständen nach
- ⇨ Nitroglyzerin: objektiv geeignet, Leben in Gefahr zu bringen

Anmerkung: Das Opfer blieb leicht verletzt, um zu verdeutlichen, dass es auf die Verletzungshandlung und nicht auf den Verletzungserfolg ankommt.
Die Verletzungshandlung war hier nur der Wurf mit der Kiste (die daraus entstehende Schramme wird gedanklich ausgeklammert), dieser war wegen der Explosionsgefahr auch zur Gefährdung des Opfers objektiv geeignet. Die Schramme am Arm stellt den Verletzungserfolg dar und wird von demjenigen, der sich die Geschichte vorstellt, ebenso isoliert betrachtet[60]. Die Schramme allein, eine leichte Verletzung, stellt aber keine geeignete Lebensgefährdung dar (Von Holzsplittern unter der Haut oder Ähnlichem, welches eine Blutvergiftung hervorrufen *könnte*, ist in der Geschichte nicht die Rede.).

6. Schwere Körperverletzung (§ 226 StGB)

6.1 Gehör

Def. ⇨ Nur der Verlust des Gehörsinns auf **beiden Ohren** ist damit gemeint.

Erläuterung:

- ⇨ Sprachliche Überlegung: Gehör und Gebeine
- ⇨ Gehör meint stets beide Ohren. Auch das Wort „Gebeine“ steht für viele Knochen.

60 Der an sich einheitliche Vorgang der Verletzungshandlung und des Verletzungserfolges wird also nicht nur juristisch in zwei Teile aufgespalten, sondern diese Aufspaltung wird auch vom Vorstellenden nachvollzogen. Bei der Betrachtung des Geschehens erfolgt also eine Zäsur zwischen Handlung und Erfolg, beispielsweise dadurch, dass die Szene vor dem Auftreffen der Kiste kurz „eingefroren“ wird.

Anmerkung: Wie ich bereits in der Einführung angesprochen habe, ist die Methode der Geschichtenerstellung nicht als Dogma stets gleich anzuwenden, sie bietet sich vielmehr eben gerade bei längeren Definitionen, die sich einer sinnvollen Herleitung entziehen, aber an. Bei derart kurzen Informationseinheiten wie hier kann es völlig ausreichend sein, sich einen Sinn- oder Ähnlichkeitszusammenhang wie zwischen „Gehör" und „Gebeine" zu verdeutlichen.

6.2 Verloren

Def. ⇨ Ein Verlust liegt vor, wenn das **Vermögen** oder die **Fähigkeit** im **Wesentlichen**, also nicht unbedingt vollständig, **aufgehoben** ist, der Ausfall einen **längeren Zeitraum** hindurch besteht und **Heilung** sich **nicht** oder **zumindest auf unbestimmte Zeit nicht** absehen lässt.

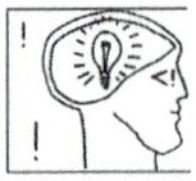

Nach der Schlägerei:

Mit der mehrfach gebrochenen Hand kann das Opfer nahezu nichts mehr tun. Der Arzt ruft an und unterrichtet es von einer ungefähren Heilungsdauer von sechs Wochen, die sich das Opfer auch im Kalender markiert. Er schickt die Röntgenunterlagen einen Tag später zu, auf diesen ist der Vermerk zu finden: „Völlige Knochenneubildung innerhalb kurzer Frist sehr unwahrscheinlich".

Erläuterung:

- ⇨ Gebrochene Hand: Vermögen oder Fähigkeit aufgehoben
- ⇨ Nahezu nichts mehr tun: im Wesentlichen (aufgehoben)
- ⇨ Im Kalender vermerkte sechs Wochen: längerer Zeitraum
- ⇨ Vermerk auf den Röntgenunterlagen: Heilung nicht oder zumindest nicht auf bestimmte Zeit

6.3 Glied

Def. ⇨ Ein Glied ist jeder **Körperteil**, der eine **in sich abgeschlossene Existenz** mit **besonderer Funktion** im Gesamtorganismus erfüllt, nicht aber innere Organe.

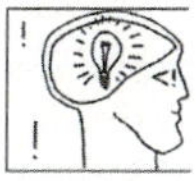

Das gebrochene Bein

Das Bein endet an der Hüfte, mit dem anderen, gesunden Bein geht der Patient. Es strengt ihn an und er hält seine Hand an sein Herz.

Erläuterung:

- ⇨ Bein: Körperteil
- ⇨ Endet an der Hüfte: in sich abgeschlossene Existenz
- ⇨ Gehen mit dem Bein: besondere Funktion

Problem:

„Definition des Begriffs?“[61]

6.4 Wichtig

Def. ⇨ Die Wichtigkeit eines Gliedes ist nach der **Bedeutung** des Gliedes für **jeden normalen** Menschen zu bestimmen.

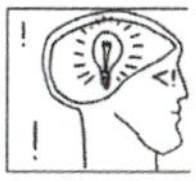

Der Pianist

Er liegt im Krankenhauszimmer und im Bett neben ihm der Arbeiter, jeweils mit gebrochener Hand:

Der Pianist ist am Boden zerstört und verdeckt sein Gesicht mit der gesunden Hand, während der Arbeiter seinen „Krankenurlaub“ lächelnd genießt.

Erläuterung:

- ⇨ Der am Boden zerstörte Pianist: Bedeutung
- ⇨ Der lächelnde Arbeiter: jeder normale Mensch

Problem:

„Ist die Wichtigkeit individuell oder allgemein zu bestimmen?“[62]

---

61 Joecks, § 226 Rn. 10; Diehn, Strafrecht 2, Streitstand 12.

62 Joecks, § 226 Rn. 13.

6.5 Erheblich entstellt

Def. ⇨ Eine Person ist dann erheblich entstellt, wenn ihr **äußeres Erscheinungsbild** durch eine **körperliche Verunstaltung wesentlich beeinträchtigt** wird.

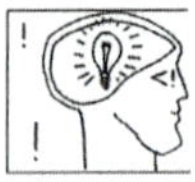

Das Phantom der Oper

Es sieht in den Spiegel, erblickt dort die lange Narbe auf der rechten Gesichtshälfte und legt wieder die bekannte Maske an: Es kann die Hässlichkeit seiner Erscheinung nicht ertragen und ballt die Faust.

Erläuterung:

- ⇨ Blick in den Spiegel: äußeres Erscheinungsbild
- ⇨ Lange Narbe: körperliche Verunstaltung
- ⇨ In der Unerträglichkeit geballte Faust: wesentlich beeinträchtigt

6.6 Dauernd

Def. ⇨ Eine Entstellung ist dauernd, wenn sie mit einer **bleibenden** oder **unbestimmt langwierigen Beeinträchtigung des Aussehens** verbunden ist.

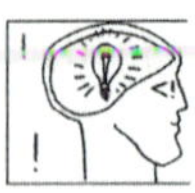

Nach der Brandstiftung

Das Opfer hat eine lange Narbe am Kiefer und Verbrennungsbereiche auf der Kopfhaut, die nun haarlos sind. Im Krankenbericht, den das Opfer beim Spaziergang durch den weiten Krankenhaushof liest, erfährt es, dass die Kopfhaut transplantiert werden kann, es aber im Moment noch keine Möglichkeit zur Beseitigung der Kiefernarbe gibt. Am Ende heißt es jedoch, die Forschung schreite hier schnell voran.

Erläuterung:

- ⇨ Haarlose Kopfhaut: bleibend
- ⇨ Kiefernarbe: unbestimmt langwierige Beeinträchtigung

6.7 Siechtum

Def. ⇨ Siechtum ist ein **chronischer Zustand**, der den **Gesamtorganismus** in Mitleidenschaft zieht und ein **Schwinden** der körperlichen **oder** geistigen Kräfte zur Folge hat.

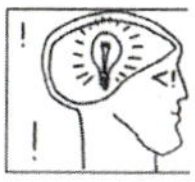

Im Lazarett

Im Lazarett hört man nur das Ticken der Uhr. Ein Verwundeter hat ein verwesendes Bein, das zu starken Fieberschüben und Schüttelfrost führt. Er ist schwach, sein Blick ist glasig und er kann nicht mehr sprechen.

Erläuterung:

- ⇨ Ticken der Uhr: chronischer Zustand (chronos = altgr. Zeit; chronisch = für alle Zeit)
- ⇨ Fieberschübe: Gesamtorganismus in Mitleidenschaft
- ⇨ Seine Schwäche: Schwinden der körperlichen Kräfte
- ⇨ Er kann nicht mehr sprechen: Schwinden der geistigen Kräfte

6.8 Lähmung

Def. ⇨ Lähmung ist dann gegeben, wenn eine **erhebliche Beeinträchtigung** zumindest eines **Körperteils** sich auf die **Bewegungsfähigkeit des ganzen Körpers** nachteilig auswirkt.

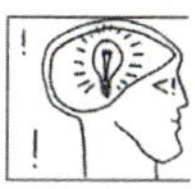

Der Reitunfall des Ranchbesitzers

Nach dem Reitunfall drückt ein Splitter auf das Rückenmark, so dass seine rechte Körperhälfte bewegungsunfähig ist. Er schleppt sich zum Kamin, sitzt bedrückt davor und wartet auf einen Termin für die Operation.

Erläuterung:

- ⇨ Bewegungsunfähig: erhebliche Beeinträchtigung
- ⇨ Rechte Körperhälfte: Zumindest ein Körperteil
- ⇨ Er schleppt sich hinüber: nachteilige Auswirkung auf die Bewegungsfähigkeit des ganzen Körpers

6.9 Geistige Krankheit

Def. ⇨ Dies sind die **krankhaften** seelischen **Störungen**.

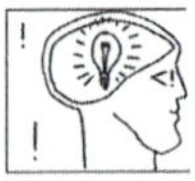

Im Sanatorium

Im Sanatorium werden die Kranken behandelt. Sie benötigen Ruhe, Schilder bitten darum, sie nicht zu stören.

Erläuterung:

⇨ Kranke: krankhaft

⇨ „Bitte Ruhe“-Schilder: seelische Störungen

7. Sittenwidrigkeit bei Körperverletzungen (§ 228 StGB)

7.1 Verstoß gegen die guten Sitten

Def. ⇨ Ein solcher liegt vor, wenn die Tat nach **allgemein gültigen Maßstäben**, die vernünftigerweise **nicht in Frage** gestellt werden können, mit dem **eindeutigen Makel** der Sittenwidrigkeit behaftet ist, wenn also die Körperverletzung gegen das **Anstandsgefühl** aller **billig und gerecht** Denkenden verstößt.

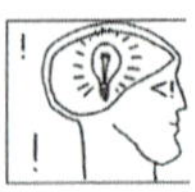

Die Spritzenhilfe

Ein Drogenabhängiger nimmt eine Krankenhausspritze, auf der gut lesbar die Maßeinheiten der Füllmenge zu sehen sind, reicht sie einem Leidensgenossen und bittet diesen im Zustand geistiger Klarheit, ihm das darin enthaltene Heroin zu spritzen. Der andere fragt noch einmal mit ernsthaftem Blick nach, die Stirn runzelnd. Auf das Bejahen des Bittenden sticht er die Spritze in dessen narbenübersäten Arm. Eine ältere Dame geht vorbei und schüttelt naserümpfend den Kopf über diese Verwahrlosung. Sie schwenkt ihre volle Einkaufstüte und geht indigniert ob dieses Anblicks nach Hause. Der Bittende verstirbt nach kurzer Zeit an den Folgen der Substanz.

Erläuterung:

⇨ Maßeinheiten: allgemein gültige Maßstäbe

- ⇨ Nachfrage mit ernstem Blick: nicht in Frage gestellt
- ⇨ Narbenübersäter Arm: eindeutiger Makel
- ⇨ Kopfschüttelnde alte Dame: Anstandsgefühl
- ⇨ Einkaufstüte: billig und gerecht Denkende

8. Beteiligung an einer Schlägerei (§ 231 StGB)

8.1 Schlägerei

Def. ⇨ Dies ist ein mit **gegenseitigen Körperverletzungen** verbundener Streit, an dem mindestens **drei Personen physisch aktiv** mitwirken.

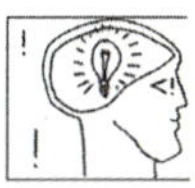

Die Prügelei

Einer kämpft gegen zwei andere: Er blutet bereits am Arm, die anderen am Knie und an der rechten Schulter. Über ihnen steigt eine kleine Rauchwolke auf. Sie bewegen sich kurz auseinander, halten inne und laufen dann wieder aufeinander zu.

Erläuterung:

- ⇨ Die Verletzungen der Beteiligten: gegenseitige Körperverletzungen
- ⇨ Er gegen die beiden Anderen: Mindest drei Beteiligte
- ⇨ Das Auseinanderbewegen: physisch aktiv

8.2 Angriff mehrerer

Def. ⇨ Ein Angriff mehrerer ist die in **feindseliger Willensrichtung** unmittelbar auf den **Körper** eines anderen abzielende **Einwirkung** durch **mindestens zwei Personen** zu verstehen.

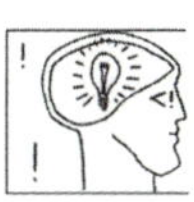

Die Prügelei: Fortsetzung

Der Kampf setzt sich auf einem Platz fort, die beiden Verbündeten stürmen mit grimmigen Gesichtern auf den einen zu und springen mit dem Fuß voraus. Er holt die beiden mit gezielten Schlägen aus der Luft.

Erläuterung:

- ⇨ Grimmige Gesichter: in feindlicher Willensrichtung
- ⇨ Sprung mit dem Fuß voraus: Einwirkung auf den Körper
- ⇨ Die beiden: mindestens zwei Personen

8.3 Beteiligt

Def. ⇨ Erforderlich hierfür ist, dass die Person **am Tatort anwesend** ist und durch **physische oder psychische** Mitwirkung an den gegen andere gerichteten Tätlichkeiten teilnimmt, es genügt **jede aktive** Teilnahme.

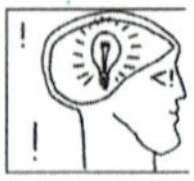

Die Prügelei: Letzter Akt

Unsere Szene: Der Angegriffene wird von einer Gruppe seiner Mitstreiter laut angefeuert, einige wollen ihm beistehen, werden aber von anderen zurückgehalten. Sie springen und klatschen durchgehend.

Erläuterung:

- ⇨ Die Gruppe der Mitstreiter: am Tatort anwesend
- ⇨ laut angefeuert: psychische Mitwirkung
- ⇨ einige wollen beistehen: physische Mitwirkung
- ⇨ Springen und Klatschen: jede aktive Teilnahme

Probleme:

1. „Täterschaft bei § 231 StGB durch bloß psychische Mitwirkung?“[63]

2. „§ 231 StGB auch bei Schlägereibeteiligung erst nach Eintritt der schweren Folge?“[64]

---

63 Diehn, Strafrecht 2, Streitstand 14.

64 Joecks, § 231 Rn. 9; Diehn, Strafrecht 2, Streitstand 15.

9. Freiheitsberaubung (§ 239 StGB)

9.1 Einsperren

Def. ⇨ Einsperren ist das **Verhindern des Verlassens** eines Raumes durch **äußere Vorrichtungen** oder **sonstige Vorkehrungen**.

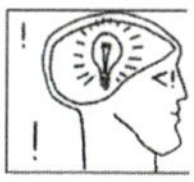

Der gefangene Spion

Er dringt in das Firmengebäude ein, plötzlich hört er aber, wie außen ein Riegel vor die Tür geschoben wird. Er greift die Türklinke, die großen Flügel der Tür lassen sich aber nicht mehr öffnen. Die Fenster sind plötzlich elektrisch gesichert, was man am leisen Summen der geladenen Leitungen merkt.

Erläuterung:

- ⇨ Geschlossene große Türflügel: Verhindern des Verlassens
- ⇨ Der Riegel: äußere Vorrichtungen
- ⇨ Die summenden Fenster: sonstige Vorrichtungen

Problem:

„Ist auch die potentielle Fortbewegungsfreiheit geschützt?“[65]

10. Nötigung (§ 240 StGB)

10.1 Nötigen

Def. ⇨ Nötigen bedeutet, dem Betroffenen ein **seinem Willen widerstrebendes** Verhalten **aufzuzwingen**.

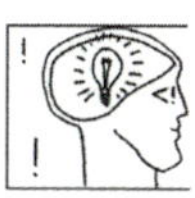

Rudern auf der Galeere

Der Antreiber knallt mit der Peitsche in der Luft, die Ruderer blicken grimmig und unwillig zum Horizont.

---

65 Hillenkamp BT, Problem Nr. 6; Diehn, Strafrecht 2, Streitstand 17.

Erläuterung:

- ⇨ Grimmig blickende Ruderer: dem Willen widerstrebend
- ⇨ Die Peitsche: aufzwingen

10.2 Gewalt

Def. ⇨ Gewalt ist der **körperlich wirkende Zwang** durch die **Entfaltung von Kraft** oder durch eine physische Einwirkung **sonstiger** Art. die nach ihrer Zielrichtung, Intensität und Wirkungsweise dazu **bestimmt und geeignet** ist, die Freiheit der **Willensentschließung** oder Willensbetätigung eines anderen **aufzuheben oder zu beeinträchtigen**.

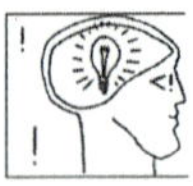

Robocop als Verkehrspolizist

An der Kreuzung: Ein Wagen will falsch abbiegen. Plötzlich stellt sich ihm der Ordnungshüter in den Weg und streckt dem sich schnell nähernden Fahrzeug seinen Arm entgegen. Metall trifft mit einem lauten Knall auf Metall und der Fahrer wird durch die Kollision nach vorne in den sich entfaltenden Airbag gedrückt. Als er wieder aufblickt, sieht er den Maschinenmensch, der stumm und mit ungerührtem Gesicht in eine andere Richtung zeigt. Der Fahrer senkt kurz resignierend den Kopf und fährt dann, mit dampfender, zerbeulter Motorhaube, auf dem gewiesenen Weg weiter.

Erläuterung:

- ⇨ Aufhalten des Wagens durch den Arm: körperlicher wirkender Zwang
- ⇨ Lauter Knall: Entfaltung von Kraft
- ⇨ Gegen den Airbag gedrückt: sonstige Einwirkung
- ⇨ er zeigt in die andere Richtung: bestimmt und geeignet
- ⇨ Resignierendes Kopfsenken: Willensentschließung aufzuheben oder zu beeinträchtigen

Problem:

„Begriff der Gewalt?“[66]

---

[66] Joecks, § 240 Rn. 12; Diehn, Strafrecht 2, Streitstand 19.

10.3 Drohung

Def. ⇨ Drohung stellt das auf **Einschüchterung** des Opfers gerichtete **Inaussichtstellen** eines **zukünftigen Übels** dar, auf dessen Eintritt der Drohende sich **Einfluss zuschreibt**.

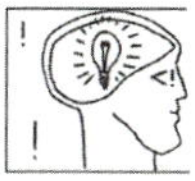

Die geschüttelte Faust

Der Bedrohte zittert deswegen, der Drohende zeigt auf ein anderes Opfer, das links bereits am Boden liegt. Er geht zu diesem und stellt sich daneben, zeigend: „So kann es Dir auch gehen“.

Erläuterung:

- ⇨ Zittern: Einschüchterung
- ⇨ Zeigen auf das Opfer: Inaussichtstellen eines zukünftigen Übels
- ⇨ Er stellt sich neben das andere Opfer: sich Einfluss zuschreibt

Problem:

„Wann liegt eine Drohung bei der Ankündigung vor, ein bestimmtes Verhalten zu unterlassen?“[67]

10.4 Übel

Def. ⇨ Darunter ist **jeder Nachteil** zu verstehen, jede **Einbuße an Werten**.

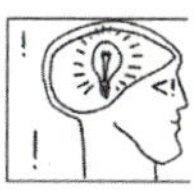

Die geschüttelte Faust: Fortsetzung

Der Bedrohte hält die Hände vor den Körper aus Angst vor Verletzungen, zudem drückt er seinen Geldbeutel fester an sich.

Erläuterung:

- ⇨ Verletzungen: jeder Nachteil
- ⇨ Geldbeutel: Einbuße an Werten

[67] Joecks, § 240 Rn. 22; Diehn, Strafrecht 2, Streitstand 20.

10.5 Empfindlich

Def. ⇨ Ein Übel ist empfindlich, wenn mit ihm eine **erhebliche Werteinbuße** verbunden und der drohende Verlust bei **objektiver** Beurteilung unter Berücksichtigung der persönlichen **Verhältnisse des Betroffenen** geeignet ist, einen **besonnenen** Menschen zu dem mit der Drohung erstrebten Verhalten **zu bestimmen**.

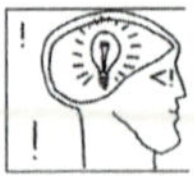

Drohung vor dem Fußballspiel

Der Drohende kündigt einen Tritt gegen das Bein des anderen an. Nach einem solchen Tritt könnte der Bedrohte nur noch humpeln. Seinen Fußballfreunden, die gleich mit einem Fußball kommen, müsste der Getretene, der begeisterter Fußballer ist, dann mit einem entschuldigenden Schulterzucken absagen. Der Bedrohte denkt mit dem Kopf in den Händen und gibt dann zögernd der Drohung nach.

Erläuterung:

- ⇨ Das potentielle Humpeln: erhebliche Werteinbuße
- ⇨ Fußball: objektiv (Fußball = Objekt; also objektiv)
- ⇨ Fußballverabredung: Verhältnisse des Betroffenen
- ⇨ Kopf in den Händen: besonnen
- ⇨ Zögerndes Nachgeben: bestimmen

10.6 Verwerflich

Def. ⇨ Das **Mittel**, der **Zweck** oder eine **Verbindung** von beidem ist bei einer **Gesamtbetrachtung** rechtlich verwerflich.

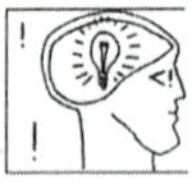

Drohung des Bestohlenen mit einer Strafanzeige

Er kommt mit einem ausgefüllten Formular und geöffneter Hand zum Dieb, der die Sache in der Hand hält. Er betrachtet das Blatt und die offene Hand, seine Augen schwenken hin und her, und letztlich gibt er die Sache heraus.

Erläuterung:

- ⇨ Formular: Mittel (zur Erreichung des Beantragten)
- ⇨ Geöffnete Hand: Zweck (das Gestohlene zurückzuerhalten)
- ⇨ Der Blick auf beides: Gesamtbetrachtung

Problem:

„Verwerflichkeit bei Drohung mit einer Strafanzeige?“[68]

11. Geiselnahme (§ 239b StGB)

11.1 Entführen

Def. ⇨ Wer entführt, unterwirft das Opfer einer **Veränderung seines Aufenthaltsortes** mit der Wirkung, dass es der **Herrschaftsgewalt des Täters** ausgeliefert ist.

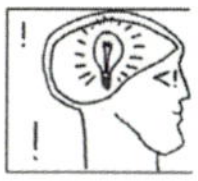

Der entführte Politiker

Die Entführer fahren mit dem entführten Politiker zu einer einsamen Waldhütte. Sie schließen ihn dort ein und hängen ein mächtiges Schloss vor die Tür.

Erläuterung:

- ⇨ Das Fahren zur Waldhütte: Veränderung des Aufenthaltsortes
- ⇨ Das Schloss: Herrschaftsgewalt des Täters

11.2 Sichbemächtigen

Def. ⇨ Sichbemächtigen bedeutet, einen anderen **zwecks Benutzung als Geisel physisch** in seine Gewalt zu bringen.

---

[68] Ansatzweise Diehn, Strafrecht 2, Streitstand 20 Hinweis 4.

Der Bankräuber auf der Flucht

Er greift eine ältere Frau von hinten am Hals, dreht sich zu seinen Verfolgern um und hält die Frau wie ein Schutzschild vor sich.

Erläuterung:

⇨ Von hinten am Hals: physisch

⇨ Wie ein Schutzschild: Zwecks Benutzung als Geisel

12. Beleidigung und verwandte Delikte (§§ 185 ff. StGB)

12.1 Ehre

Def. ⇨ Ehre ist der Wert, der dem Menschen kraft seiner **Personenwürde** und aufgrund seines **sittlich-sozialen Verhaltens** zukommt.

Siegerehrung bei der Olympiade

Den Sieger umgibt ein Lichtschein, er unterschreibt lächelnd die Antidoping-Verpflichtung und erhält danach umjubelt den Pokal.

Erläuterung:

⇨ Lichtschein: Personenwürde

⇨ Antidoping-Verpflichtung: sittlich-soziales Verhalten

13. Hausfriedensbruch (§ 123 StGB)

13.1 Wohnung

Def. ⇨ Wohnung ist der **Inbegriff der Räumlichkeiten**, die einzelnen **oder** mehreren Personen als **Unterkunft** dienen oder **zur Benutzung freistehen**, einschließlich der zugehörigen **Nebenräume** wie **Treppen, Keller**, **Wasch-** und **Trockenräume**.

Vor der Wohnung

Ein Türschild an der Tür, diese Tür öffnet sich: In einem Zimmer lebt nur eine Person, im Zimmer am Ende des Ganges mehrere. Die Küche rechts wurde vor Kurzem benutzt.

Eine Treppe führt in den Keller, an dessen Ende sich auch ein Waschraum mit einem Trockner befindet.

Erläuterung:

- ⇨ Türschild: Inbegriff der Räumlichkeiten (das Türschild selbst ist Verkörperung, Inbegriff des Namens der dort wohnenden Person)
- ⇨ Verschiedene Zahl von Personen in verschiedenen Zimmern: Eine oder mehrere Personen
- ⇨ Benutzte Küche: zur Benutzung freigegeben
- ⇨ Treppe, Waschraum und Keller: spielen sich selbst

13.2 Geschäftsräume

Def. ⇨ Dies sind Räumlichkeiten, die **bestimmungsgemäß** für **gewerbliche**, **geschäftliche**, **berufliche**, **künstlerische** oder **wissenschaftliche** Zwecke verwendet werden.

Die Praxis des Zahnarztes im Erdgeschoss

Die Sekretärin spricht mit lauter Stimme am Telefon. An der Außenscheibe der Praxis prangt ein großes Werbeschild, hinter der Theke ist die Kasse für Zuzahlungen. Im Hauptzimmer geht der Arzt seinem Beruf nach, mit einem weißen Kittel bekleidet. Er hält den Bohrer wie ein Maler seinen Pinsel. Ein Zertifikat an der Wand und mehrere Zeitschriften mit seinen Artikeln weisen ihn als Kenner der Zahnanatomie aus.

Erläuterung:

- ⇨ laute Stimme: bestimmungsgemäß
- ⇨ Werbeschild: gewerblich
- ⇨ Kasse: geschäftlich

- Arbeitender Arzt: beruflich
- Der Bohrer: künstlerisch
- Studiumszertifikate: wissenschaftlich

13.3 Befriedetes Besitztum

Def. ⇨ Darunter ist ein Grundstück zu verstehen, das durch **zusammenhängende**, nicht unbedingt lückenlose **Schutzwehren** in äußerlich **erkennbarer** Weise gegen das **willkürliche** Betreten durch andere gesichert ist.

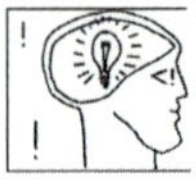

Das Grundstück

Ein Zaun ist um das Grundstück gespannt, unterbrochen nur vom Gartentor. Neben dem Tor steht ein großes Schild: Betreten verboten! Einige stehen davor und wollen herein, haben aber nicht den Mut dazu.

Erläuterung:

- Zaun: zusammenhängende Schutzwehren
- Gartentor (als Unterbrechung): nicht notwendig lückenlos
- Schild: äußerlich erkennbar
- Hereinwollende: willkürliches Betreten

13.4 Eindringen

Def. ⇨ Dies ist ein Betreten **gegen den Willen** des Berechtigten.

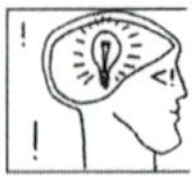

Das Grundstück: Fortsetzung:

Einer der Zögernden fasst sich ein Herz und geht an dem Schild vorbei auf das Grundstück.

Erläuterung:

- Betreten des Grundstücks: gegen den Willen.

13.5 Unbefugt

Def. ⇨ Derjenige handelt unbefugt, der **nicht durch** seine **Amtsstellung** oder kraft **anderweitiger** Ermächtigung **zur Vornahme** der Amtshandlung berechtigt ist.

Der Polizist als Einbrecher

Er ist außer Dienst, was an seiner fehlenden Polizistenmütze zu erkennen ist. Das Formular in seiner Tasche ist falsch. Er schlägt mit seiner Diensttaschenlampe die Scheibe des Ladens ein, nimmt die Beute und läuft schnell davon.

Erläuterung:

- ⇨ Fehlende Mütze: nicht durch seine Amtsstellung (berechtigt)
- ⇨ Formular: anderweitige Ermächtigung
- ⇨ Einschlagen der Scheibe: Vornahme der Handlung

14. Widerstand gegen Vollstreckungsbeamte (§ 113 StGB)

14.1 Vollstreckungshandlung

Def. ⇨ Gemeint ist **jede Tätigkeit** der dazu berufenen **Organe**, die zur Regelung eines **Einzelfalles** auf die Vollziehung der in § 113 I StGB genannten **Rechtsnormen oder Hoheitsakte** gerichtet ist, also der Verwirklichung des notfalls im Zwangswege durchzusetzenden **Staatswillens** dient.

Die Verkehrspolizisten

Die Verkehrspolizisten suchen sich ein Auto aus dem Stau heraus. Einer der Polizisten hat die StVO, ein dickes Buch, in der Hand. Im Hintergrund ist der Landtag, die Volksvertreter schauen aus dem Fenster und beobachten amüsiert die Szene.

Erläuterung:

- ⇨ Heraussuchen: jede Tätigkeit
- ⇨ Polizisten: Organe

- ⇨ Einer der Polizisten: Einzelfall
- ⇨ StVO: Rechtsnormen oder Hoheitsakte
- ⇨ Volksvertreter im Landtag: Staatswille

14.2 Widerstandleisten

Def. ⇨ Dies ist jede **aktive Tätigkeit**, die die **Durchführung** der Vollstreckungsmaßnahme **verhindern oder erschweren** soll.

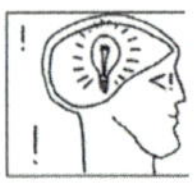

Die Verkehrspolizisten: Fortsetzung

Der Angehaltene sieht eine Lücke im Stau und gibt Gas. Er will entweder ganz entkommen oder es den beiden zumindest so schwer wie möglich machen: Er mag keine Polizisten.

Erläuterung:

- ⇨ Gasgeben: aktive Tätigkeit
- ⇨ Entkommen oder so schwer wie möglich machen: Vollstreckungsmaßnahme verhindern oder erschweren

14.3 Tätlicher Angriff

Def. ⇨ Ein tätlicher Angriff ist jede **in feindseliger Absicht** unmittelbar **auf den Körper** des Betroffenen zielende **Einwirkung ohne Rücksicht** auf den **Erfolg**.

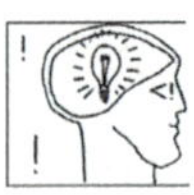

Die Verkehrspolizisten: Nach der Flucht

Sie halten ihn an, der Fahrer steigt mit grimmigem Blick aus und schlägt in Richtung der Schulter des einen Polizisten. Er verfehlt sein Ziel.

Erläuterung:

- ⇨ Grimmiger Blick: in feindseliger Absicht
- ⇨ Schulter: auf den Körper

⇨ Schlag: Einwirkung

⇨ verfehlt sein Ziel: ohne Rücksicht auf den Erfolg

14.4 Rechtmäßigkeit der Diensthandlung

Def. ⇨ Es gilt der **strafrechtliche Rechtmäßigkeitsbegriff**, bei dem es nicht unbedingt auf die materielle Rechtmäßigkeit des Eingriffs ankommt, sondern auf dessen **formale** Rechtmäßigkeit.

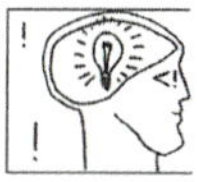

Die Verkehrspolizisten: Später auf der Wache

Nach einem Plan an der Wand war die Polizei für die Verkehrskontrolle zuständig.

Erläuterung:

⇨ Eintrag im Plan: formale Rechtmäßigkeit

Problem:

„Begriff der Rechtmäßigkeit?“[69]

15. Siegelbruch (§ 136 StGB)

15.1 Anlegen

Def. ⇨ Dies ist die **mechanische Verbindung** eines Siegels mit einem **Gegenstand.**

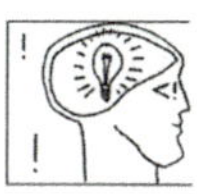

Gerichtsvollzieherroutine

Der Gerichtsvollzieher nimmt das Siegel, klebt es auf, drückt es noch einmal fest und lässt es dann an dem Schrank haften.

[69] Joecks, § 113 Rn. 25; Diehn, Strafrecht 2, Streitstand 26.

Erläuterung:

- ⇨ Aufkleben: mechanische Verbindung
- ⇨ Schrank: Gegenstand

15.2 Rechtmäßigkeit (der Siegelanlegung)

Def. ⇨ Auch hier ist die **formelle Rechtmässigkeit** entscheidend.

Gerichtsvollzieherroutine: Fortsetzung

Der Gerichtsvollzieher zeigt ein Schriftstück vor, das ihn für zuständig erklärt.

Erläuterung:

- ⇨ Schriftstück: formelle Rechtmäßigkeit

15.3 Der Verstrickung tatsächlich entzogen

Def. ⇨ Die **Ausübung** der amtlichen Verfügungsgewalt wird **vereitelt** oder in **nicht ganz unbedeutender** Weise erschwert.

Flucht vor dem Pleitegeier

Der Gerichtsvollzieher klopft an die Tür. Der Eigentümer bringt den Schrank aus dem Haus und entkommt. Bei der Verfolgung kann der Gerichtsvollzieher aber mit großer Mühe, mit Stolpern und Springen, wenigstens den Schmuck wiedererlangen, der auf den Boden gefallen war.

Erläuterung:

- ⇨ Das Klopfen: Ausübung
- ⇨ Das Entkommen: vereitelt
- ⇨ Mit großer Mühe: in nicht ganz unbedeutender Weise erschwert

16. Falsche Verdächtigung (§ 164 StGB)

16.1 Verdächtigen

Def. ⇨ Darunter versteht man **jedes Tätigwerden**, durch das ein **Verdacht** auf eine **bestimmte** andere Person gelenkt oder ein bereits **bestehender** Verdacht **verstärkt** wird.

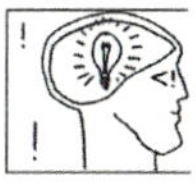

Der Verdächtige auf der Polizeiwache

Auf der Polizeiwache im Verhörzimmer schreibt der Verdächtige einen bestimmten Namen auf ein Papier. Der Polizist betrachtet den Namen staunend, er ist neu. Einen weiteren Namen schreibt der Verdächtige an die Wand, dieser ist als Mitverdächtiger bekannt und dies führt zur Festnahme jener Person (Siehe auch „Eignung“).

Erläuterung:

- ⇨ Schreiben: jedes Tätigwerden
- ⇨ Staunender Polizist: Verdacht
- ⇨ Bestimmter Name auf dem Papier: auf eine bestimmte Person
- ⇨ Die Festnahme: bestehender Verdacht verstärkt

Problem:

„Ist es ausreichend, wenn gegen den Schuldigen falsche Verdachtsmomente geäußert werden?“[70]

16.2 Eignung

Def. ⇨ Darunter ist zu verstehen, dass die behaupteten **Tatsachen** den für **behördliches Einschreiten** erforderlichen **Verdachtsgrad** begründen.

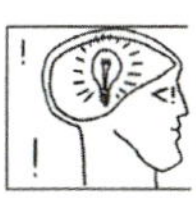

Der Verdächtige auf der Polizeiwache: Fortsetzung

Der Name an der Wand lässt bei einigen Polizisten, die das Geschehen beobachten, die Alarmglocken klingeln, und sie eilen zur Wohnung dieser Person.

---

70 Diehn, Strafrecht 2, Streitstand 31.

Erläuterung:

- ⇨ Name an der Wand: Tatsachen
- ⇨ Alarmglocken: Verdachtsgrad erhöhen
- ⇨ Das Eilen zur Wohnung: behördliches Einschreiten

17. Vortäuschen einer Straftat (§ 145d StGB)

17.1 Vortäuschen

Def. ⇨ Dies bedeutet das **Erregen oder Verstärken** des **Verdachts** einer **rechtswidrigen Tat** durch **auch konkludente** Tatsachenbehauptung, durch Schaffen einer **verdachtserregenden Beweislage** oder durch **Selbstbezichtigung**.

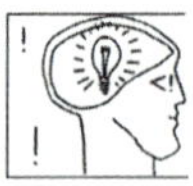

Das Großmütterchen

Es zeigt den Diebstahl ihres Hundes an und beschuldigt ihren Nachbarn. Bei ihr zuhause zeigt sie den Polizisten stumm ein von ihr selbst eingeschlagenes Fenster und die von ihr entwendete Jacke ihres Nachbarn mit den Worten, dass dies seine wäre. Der Polizist nimmt die Alte mit und erwähnt, der Nachbar habe die Jacke vor einigen Tagen als gestohlen gemeldet. Die Frau habe sich mit diesen offenkundig falschen Beweisen geradezu selbst bezichtigt (er zeigt anklagend auf sie).

Erläuterung:

- ⇨ Anzeige: Erregen oder Verstärken des Verdachts
- ⇨ Beschuldigung des Nachbarn: rechtswidrige Tat
- ⇨ (Stummes) Zeigen auf das Fenster: konkludente Tatsachenbehauptung
- ⇨ Jacke: verdachtserregende Beweislage
- ⇨ Anklagendes Zeigen: Selbstbezichtigung

17.2 Täuschungshandlung

Def. ⇨ Der Tatverdacht soll **auf Unbeteiligte** gelenkt oder die **Strafverfolgungsorgane** durch **konkrete Falschangaben** zu **unnützen Maßnahmen** in der falschen Richtung veranlasst werden.

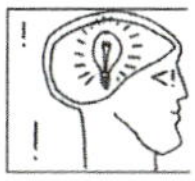

Die Flucht des Bankräubers

Die Polizisten verfolgen einen fliehenden maskierten Bankräuber. Der erste Passant meint, der Bankräuber sei ein Herr im Cafe dort drüben, er habe sich nur die Maske ausgezogen. Dies ist aber eine Falschinformation. Der zweite Passant, an der Ecke, ist ein Komplize des Bankräubers und gibt den Polizisten einen falschen Namen, den diese sich aufschreiben und bei den folgenden Telefonaten Energie für die Erkenntnis verschwenden, dass der Name falsch war.

Erläuterung:

- ⇨ Herr im Cafe: Unbeteiligter
- ⇨ Polizisten: Strafverfolgungsorgane
- ⇨ Falscher Name: konkrete Falschangabe
- ⇨ Die unnötigen Telefonate: unnütze Maßnahmen

18. Strafvereitelung (§ 258 StGB)

18.1 Vereiteln

Def. ⇨ Es ist nach seiner **Art und Zielsetzung** darauf gerichtet, die **Realisierung** des in § 258 I StGB umschriebenen Ahndungs- oder Anordnungsunrechts durch eine **Besserstellung** des Vortäters ganz **oder** teilweise zu **verhindern**.

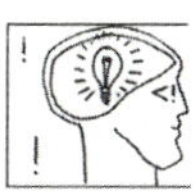

Der Artist

Der Artist springt zielgenau durch das Fenster des Gerichtsgebäudes. Die Angeklagten realisieren die unerwartete Hilfe und fliehen durch den freien Fensterrahmen. Sie haben schon einen großen Vorsprung, als einer der beiden wieder eingeholt wird. Der andere entkommt lachend.

Erläuterung:

- ⇨ Artist: Art
- ⇨ Zielgenauer Sprung: Zielsetzung
- ⇨ Realisierende Angeklagte: Realisierung
- ⇨ Vorsprung: Besserstellung
- ⇨ Einer wird eingeholt, der andere nicht: ganz oder teilweise zu verhindern

Problem:

„Liegt eine Strafbarkeit nach § 258 II StGB vor, wenn die Geldstrafe eines anderen bezahlt wird?“[71]

18.2 Geraume Zeit

Def. ⇨ Die untere Grenze hierfür liegt bei **zwei Wochen**.

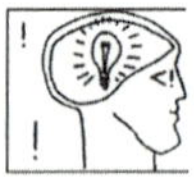

Der Raum

Ein Raum hat meistens zwei Dinge: Eine Tür und ein Fenster.

Erläuterung:

- ⇨ Zwei Dinge: Zwei Wochen
- ⇨ Der Raum: geraume Zeit

19. Falsche uneidliche Aussage (§ 153 StGB)

19.1 Falsch

Def. ⇨ Eine Aussage ist falsch, wenn sie mit der **Wirklichkeit nicht übereinstimmt**.

[71] Hillenkamp BT, Problem Nr. 12; Joecks, § 258 Rn. 13.

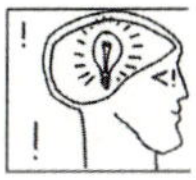

Die gefilmte Tat

Die Tat ist zufällig gefilmt worden. Die Erzählungen des Angeklagten sind anders als das Aufgezeichnete.

Erläuterung:

⇨ Abweichung der Erzählung: mit der Wirklichkeit nicht übereinstimmt

Problem:

„Wann ist eine Aussage falsch?“[72]

20. Meineid (§ 154 StGB)

20.1 Falsch schwören

Def. ⇨ Hierunter versteht man das **Beschwören** einer falschen Aussage.

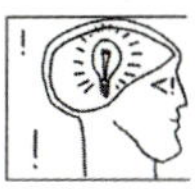

Im Gerichtssaal

Der Angeklagte sagt aus und schwört im Anschluss daran mit zum Schwur erhobener Hand.

Erläuterung:

⇨ Das Schwören: Beschwören

20.2 Sonst zuständige Stelle

Def. ⇨ Erforderlich ist die **allgemeine Zuständigkeit** zur **eidlichen Vernehmung** und die gesetzliche **Zulässigkeit eines Eides** im vorliegenden Verfahren, woran es unter anderem **bei Staatsanwälten, Polizisten, Rechtspflegern** und **Rechtsreferendaren fehlt** (siehe auch § 161a I S. 3 StPO).

72 Hillenkamp BT, Problem Nr. 10; Joecks, Vor § 153 Rn. 5; Diehn, Strafrecht 2, Streitstand 28.

Der Schwur im Gerichtssaal: Panorama

Der Angeklagte steht vor dem Gericht und hebt die Hand, die andere ruht auf dem Gesetzbuch.

Fern des Ganzen befinden sich außerdem im Saal: Der Staatsanwalt zur Linken, Polizisten am Ausgang, eine Rechtspflegerin am Protokoll und ein Rechtsreferendar unter den Zuschauern neben dem Staatsanwalt.

Erläuterung:

- ⇨ Er steht: allgemeine Zuständigkeit
- ⇨ Er hebt die Hand: eidliche Vernehmung
- ⇨ Gesetzbuch: gesetzliche Zulässigkeit des Eides
- ⇨ Die Personen: alle sich selbst

21. Verleitung zur Falschaussage (§ 160 StGB)

21.1 Verleiten

Def. ⇨ Der Täter hat die Aussageperson **für gutgläubig** gehalten.

Der Blick in die Augen

Er tritt auf seine Frau zu, sieht ihren ruhigen Blick und denkt, sie halte ihn gutgläubig für unschuldig. Hierin bestärkt er sie auch noch im Hinblick auf ihre baldige Aussage.

Erläuterung:

- ⇨ Der ruhige Blick: für gutgläubig gehalten

Problem:

„Liegt versuchte oder vollendete Verleitung vor, wenn der Täter die bösgläubige Beweisperson für gutgläubig hält?“[73]

---

[73] Joecks, § 160 Rn. 6; Diehn, Strafrecht 2, Streitstand 30.

22. Urkundenfälschung (§ 267 StGB)

22.1 Urkunde

Def. ⇨ Urkunde in diesem Sinne ist jede **verkörperte Gedankenerklärung**, die zum **Beweis** im **Rechtsverkehr geeignet** und **bestimmt** ist und die ihren **Aussteller erkennen** lässt.

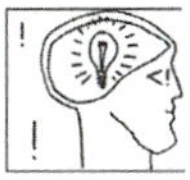

Die Urkunde an der Theke

Man sieht eine vergilbte Urkunde vor sich: Sie ruht in den Händen, die Schrift gibt die Vorstellungen des Schreibenden wieder. Man legt sie auf eine Theke, weißlackiert, und schiebt sie darüber, damit die andere Person sie betrachtet. Diese hebt die Urkunde auf und prüft das Wappen aus Wachs unten am Ende, neben dem die Unterschrift des Unterzeichners zu lesen ist.

Erläuterung:

- ⇨ In den Händen: verkörpert
- ⇨ Gibt die Vorstellungen wieder: Gedankenerklärung
- ⇨ Theke, weißlackiert: Beweis
- ⇨ Herüberschieben der Urkunde zur Betrachtung: (zum Beweis im Rechtsverkehr) geeignet
- ⇨ Wappen aus Wachs: (zum Beweis im Rechtsverkehr) bestimmt
- ⇨ Unterschrift: Aussteller

Problem:

„Sind Photokopien als Urkunden anzusehen?“[74]

22.2 Echt

Def. ⇨ Die Urkunde ist echt, wenn sie den **wirklichen Aussteller** erkennen lässt.

[74] Joecks, § 267 Rn. 42; Diehn, Strafrecht 2, Streitstand 33.

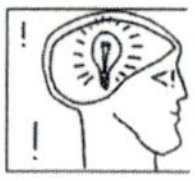

Die Urkunde an der Theke: Fortsetzung

Der Name unten an der Urkunde leuchtet grünlich: Dies bestätigt die Urheberschaft.

Erläuterung:

⇨ Grünliches Leuchten der Unterschrift: wirklicher Aussteller

22.3 Zum Beweis geeignet

Def. ⇨ Eine verkörperte Gedankenerklärung ist dann zum Beweis geeignet, wenn sie für sich **allein** oder **in Verbindung** mit anderen Umständen bei der **Überzeugungsbildung mitbestimmend** ins Gewicht fallen kann, eine **vollständige Beweislieferung** ist **nicht notwendig**.

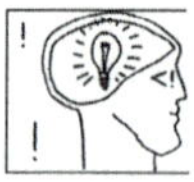

Die Urkunde an der Theke: Ins Regal

Er legt die Urkunde in ein einzelnes Regal hinter sich, neben einen Siegeltopf, und sein Blick ist stark und voller Überzeugung. Seine Augen sind zwar ein wenig unstet und nachdenklich, er schüttelt dem Vorzeigenden aber die Hand.

Erläuterung:

⇨ Einzelnes Regal: allein

⇨ Der Siegeltopf daneben: in Verbindung mit anderen Umständen

⇨ Überzeugter Blick: Überzeugungsbildung

⇨ Handschütteln trotz unsteten Augen: vollständige Beweislieferung nicht notwendig

22.4 Beweisbestimmung

Def. ⇨ Hierzu bedarf es **keines zielgerichteten** Handelns, es genügt vielmehr die **Einführung** der urkundlichen Erklärung **in den Rechtsverkehr** mit dem **Bewusstsein**, dass ein anderer eine rechtliche Reaktion daran knüpfen und sie zu Beweiszwecken benutzen **kann**.

Die Approbationsurkunde im Wartezimmer

Der Arzt stellt seine Approbationsurkunde in seinem Praxiszimmer aus. Währenddessen schaut er gedankenverloren zum Fenster. Er hört aber Schritte und weiß, dass der Patient auch wegen der Urkunde von ihm behandelt werden will. Der Patient kommt herein, nimmt die Urkunde bewundernd, geht zum Fenster und zeigt sie von oben seiner Frau, die unten im Auto wartet. So belegt er die Qualität des Arztes.

Erläuterung:

- ⇨ Gedankenverlorener Blick: kein zielgerichtetes Handeln
- ⇨ Der hereinkommende Patient: Einführung in den Rechtsverkehr
- ⇨ Wissen des Arztes: Bewusstsein
- ⇨ Zeigen der Urkunde aus dem Fenster: zu Beweiszwecken benutzen

22.5 Beweiszeichen

Def. ⇨ Urkunden sind auch sogenannte Beweiszeichen, sie sind mit einem körperlichen **Gegenstand fest verbunden**, verkörpern eine **menschliche Gedankenerklärung**, lassen ihren **Aussteller erkennen** und sind nach **Gesetz, Herkommen oder Vereinbarung** der Beteiligten **geeignet** und **bestimmt**, zum **Beweis** für eine rechtlich erhebliche Tatsache zu dienen.

Das Preisschild an einer Ware

Es klebt fest an der Weinflasche, es stellt den Preis dar, den der Verkäufer für den Wein verlangt. Unten im Eck steht klein der Name des Ladens. Die Kunden betrachten das Etikett, verstehen es und einige prüfen mit einem Blick in ihre Geldbörse, ob sie noch genügend Geld bei sich haben. Einer zahlt nicht, im Gerichtssaal betrachtet der Richter das Etikett und verurteilt den Schuldner daraufhin zur Zahlung in der Höhe des Aufdrucks.

Erläuterung:

- ⇨ Weinflasche: körperlicher Gegenstand
- ⇨ Es klebt: fest verbunden

- ⇨ Vom Verkäufer festgesetzt: menschliche Gedankenerklärung
- ⇨ Name des Ladens: Aussteller
- ⇨ Gerichtssaal: Gesetz, Herkommen oder Vereinbarung
- ⇨ Verurteilung des Richters wegen des Etiketts: zum Beweis geeignet und bestimmt

22.6 Kennzeichen

Def. ⇨ Keine Urkunden sind sogenannte Kennzeichen, jene erbringen **nicht für rechtliche** Beziehungen Beweis, sondern dienen ihrer Funktion nach **lediglich** der **unterscheidenden** Kennzeichnung, der **Sicherung** oder dem **Verschluss** von Sache.

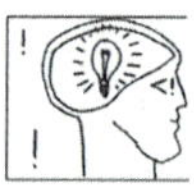

Der große Käse

Auf einem großen Käse, den Anwälte interessanterweise nicht gerne kaufen (Sie machen einen großen Bogen darum), klebt der Name des Produkts. Zudem ist der Käse unter einer großen Käseglocke gegen Diebe geschützt. Die Glocke ist mit dem Teller über eine verschließende Plombe verbunden.

Erläuterung:

- ⇨ Der Bogen um den Käse: nicht für rechtliche
- ⇨ Der Name des Produkts: lediglich der unterscheidenden Kennzeichnung dienend
- ⇨ Käseglocke: Sicherung
- ⇨ Plombe: Verschluss

22.7 Gesamturkunden

Def. ⇨ Eine Gesamturkunde entsteht, wenn **mehrere** Einzelurkunden in **dauerhafter** Form so zu einem einheitlichen **Ganzen** verbunden werden, dass sie über ihre Einzelbestandteile **hinaus** einen **selbständigen**, für sich bestehenden **Erklärungssinn** aufweisen und nach Gesetz, Herkommen oder Vereinbarung der Beteiligten dazu **bestimmt** sind, ein **erschöpfendes Bild** über einen bestimmten Kreis fortwährender **Rechtsbeziehungen** zu vermitteln.

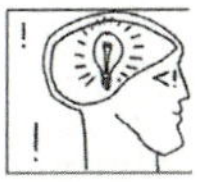

Der Aktenordner

Er enthält mehrere Einzelblätter, die zusammengeheftet sind. Es ist eine Strafakte, der Staatsanwalt betrachtet alle Blätter und erlangt so Gewissheit über die Tat. Er beginnt mit der Anklageschrift. Daneben steht sein Gesetzbuch. Der Staatsanwalt hat ein klares Bild der Tat im Kopf und schildert alle Rechtsbrüche ausführlich in der Anklageschrift.

Erläuterung:

- ⇨ Mehrere Einzelblätter: mehrere Einzelurkunden
- ⇨ Zusammengeheftet: in dauerhafter Form zu einem Ganzen verbunden

22.8 Zusammengesetzte Urkunde

Def. ⇨ Eine zusammengesetzte Urkunde liegt vor, wenn eine verkörperte Gedankenerklärung mit ihrem **Bezugsobjekt** räumlich **fest**, **nicht notwendig** aber **untrennbar**, zu einer Beweismitteleinheit derart **verbunden** ist, dass beide zusammen einen **einheitlichen Beweis-** und **Erklärungsinhalt** in sich vereinigen.

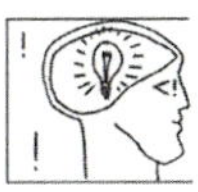

Auto mit Nummernschild

Das Schild ist am Auto festgeschraubt. Es könnte von einem Mechaniker, der neben dem Wagen mit einem Schraubenzieher steht, leicht wieder gelöst werden. Während der darauffolgenden Fahrt wird ein Blitzerphoto geschossen, der Polizist betrachtet darauf den Wagen und das Nummernschild, nimmt sein Funkgerät und schildert den Sachverhalt einem Kollegen.

Erläuterung:

- ⇨ festgeschraubt: mit dem Bezugsobjekt fest verbunden
- ⇨ mit dem Schraubenzieher lösbar: nicht notwendig untrennbar
- ⇨ Wagen und Nummernschild auf dem Photo: einheitlicher Beweis- und Erklärungsinhalt

22.9 Zur Täuschung im Rechtsverkehr

Def. ⇨ Hierzu handelt, wer irgendeinen anderen über die **Echtheit oder Unverfälschtheit** der Urkunde zu **täuschen** sucht und ihn dadurch zu einem **rechtserheblichen Verhalten** veranlassen will.

Thelma Sr.

Die alte Dame zeigt den gefälschten Seniorenausweis (Die Angaben über ihr Alter sind falsch, außerdem ist die Unterschrift des Sachbearbeiters auf der Rückseite nicht die richtige) vor und wird daraufhin vom Busfahrer in das Fahrzeug gelassen.

Erläuterung:

- ⇨ Gefälschter Seniorenausweis: über Echtheit oder Unverfälschtheit zu täuschen suchen
- ⇨ Einlass durch den Busfahrer: rechtserhebliches Verhalten

22.10 Verfälschung

Def. ⇨ Verfälschen ist jede **unbefugte, nachträgliche** Veränderung der **Beweisrichtung** und des gedanklichen **Inhalts** einer echten Urkunde, so dass diese nach dem Eingriff **etwas anderes zum Ausdruck** bringt als vorher.

Der Notar und das Testament

Er darf es nur in seinem Safe aufbewahren. Er nimmt es aber, lange nach dessen Erstellung durch den Erblasser, aus dem Safe, trägt einen großen Pfeil auf der Vorderseite ein und trägt sich darunter als Alleinerbe ein. Der Erblasser dreht sich im Grabe herum, weil er dies nie wollte und das Testament so etwas auch zuvor nicht festgelegt hatte.

Erläuterung:

- ⇨ Der Eintrag auf dem Testament: unbefugte, nachträgliche Veränderung
- ⇨ Der Pfeil als Eintrag: Beweisrichtung
- ⇨ Eintrag als Alleinerbe: Inhalt

⇨ Im Grabe herum: etwas Anderes zum Ausdruck

Problem:

„Kann auch der Aussteller selbst eine Urkunde verfälschen?“[75]

22.11 Gebrauchmachen

Def. ⇨ Von einer Urkunde wird Gebrauch gemacht, wenn **sie selbst** und nicht nur ihre schlichte Abschrift oder Ablichtung dem zu Täuschenden in der Weise **zugänglich gemacht** wird, dass er die **Möglichkeit** der Kenntnisnahme hat.

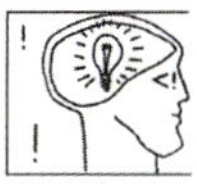

Der Notar und das Testament: Fortsetzung

Der Notar fertigt sicherheitshalber einige Kopien an, er nimmt aber das Original und legt es auf den Tisch des Zuständigen am Nachlassgericht. Es liegt dort so nahe vor ihm, dass er nur seine Hand ausstrecken müsste. Der Zuständige ist telefonisch abgelenkt und sieht es nicht, er müsste aber nur den Kopf drehen und könnte es wahrnehmen und durchlesen.

Erläuterung:

⇨ Das Original auf dem Tisch (und nicht die Kopie): sie selbst (und nicht nur ihre schlichte Abschrift oder Ablichtung)

⇨ Die nahe Lage: zugänglich gemacht

⇨ Der nicht hinsehende Kopf: Möglichkeit der Kenntnisnahme

23. Fälschung technischer Aufzeichnungen (§ 268 StGB)

23.1 Darstellung

Def. ⇨ Dies ist eine Aufzeichnung, bei der die **geräteautonom produzierte Information** in einem **selbständig** verkörperten, vom Gerät **abtrennbaren** Stück enthalten ist.

[75] Hillenkamp BT, Problem Nr. 13; Diehn, Strafrecht 2, Streitstand 35; Joecks, § 267 Rn. 79.

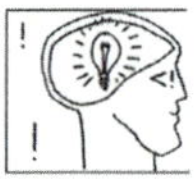

Der Parkschein

Im Automaten selbst gedruckt, erfolgt seine Ausgabe und er kann, als eigenes Stück, in den Geldbeutel gesteckt werden.

Erläuterung:

⇨ Im Automaten selbst gedruckt: geräteautonom produzierte Information

⇨ Als eigenes Stück: selbständig verkörpert

⇨ In den Geldbeutel gesteckt: vom Gerät abtrennbar

Problem:

„Liegt eine Darstellung nur dann vor, wenn die fixierte Information vom Gerät abtrennbar ist?“[76]

24. Urkundenunterdrückung (§ 274)

24.1 Gehören

Def. ⇨ Gemeint sind **nicht** die **dinglichen** Eigentumsverhältnisse, sondern das **Recht**, die Urkunde oder technische Aufzeichnung **zum Beweis zu gebrauchen**.

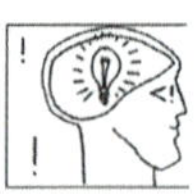

Der Führerschein

Der Autofahrer zeigt ihn vor und beweist damit dem Polizisten seine Fahrberechtigung. Dieser nickt. Eigentümer des Führerscheins ist nach einem kleinen roten Aufdruck aber die Straßenverkehrsbehörde.

Erläuterung:

⇨ Blick des Polizisten: Recht zum Beweisgebrauch

⇨ Kleiner roter Aufdruck: nicht die dinglichen Eigentumsverhältnisse

[76] Joecks, § 268 Rn. 9; Diehn, Strafrecht 2, Streitstand 37.

Anmerkung: Stichwort ist das „Beweisführungsrecht".

24.2 Unterdrücken

Def. ⇨ Ein Unterdrücken ist **jede** Handlung, durch die dem **Beweisführungsberechtigten** die **Benutzung** des Beweismittels dauernd **oder** zeitweilig **entzogen** oder **vorenthalten** wird.

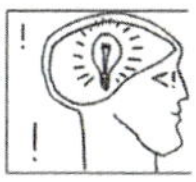

Die Entwendung einer Klausur vom Nachbartisch

Ein Prüfling nimmt die Klausur vom Nachbartisch. Die Zeit ist um, der Nachbar kann seine Klausur nicht vorzeigen. Der Entwender überlegt, ob er die Klausur zurückgeben oder in seine Manteltasche stecken und für immer behalten soll. Beides wäre möglich. Er wartet aber noch kurz und „findet" die Klausur dann auf dem Boden.

Erläuterung:

- ⇨ Nehmen der Klausur vom Nachbartisch: jede Handlung
- ⇨ Der Nachbar: dem Beweisführungsberechtigten
- ⇨ Nachbar kann die Klausur nicht vorzeigen: Benutzung des Beweismittels entzogen
- ⇨ Die Überlegung über die Rückgabe: (die Benutzung) dauernd oder zeitweilig entzogen

24.3 Nachteilszufügungsabsicht

Def. ⇨ Das meint die **Absicht**, durch eine der **Tathandlungen** (insbesondere durch die **Verschlechterung der Beweislage**) dem Betroffenen einen **Vermögensnachteil** zuzufügen.

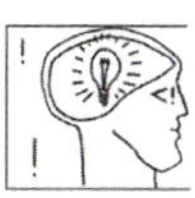

Die gefälschte Kreditbewilligung

Der Bankkunde fälscht zuhause mit einem Farbkopierer eine Kreditbewilligung seines Sachbearbeiters. Er will zum Schalter gehen und unbedingt die Bank, auf die er seit der Kontogebührenerhöhung einen Groll hat, durch die Kreditauszahlung an sich schädigen (und stellt sich das auch lebhaft vor).

Erläuterung:

- ⇨ Vor dem Farbkopierer: eine der Tathandlungen
- ⇨ Die gefälschte Bewilligung: Verschlechterung der Beweislage
- ⇨ Die Kreditauszahlung an sich: Vermögensnachteil (für die Bank)
- ⇨ Die lebhafte Vorstellung (der Schädigung): Absicht

Anmerkung: Insbesondere bei den „Blitzer"-Fällen ist dieses Merkmal oft ein Schwerpunkt der Prüfung.

25. Falschbeurkundungsdelikte (§ 271, § 348)

25.1 Öffentliche Urkunden

Def. ⇨ Hierunter versteht man die öffentlichen Urkunden, die für den **Rechtsverkehr nach außen bestimmt** sind und die dem Zweck dienen, Beweis **für und gegen jedermann** zu erbringen, also gegenüber **jedem beliebigen Dritten**.

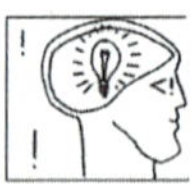

Der Steckbrief mit Auslobung einer Belohnung

Er hängt außen am Polizeigebäude, alle Passanten gehen daran vorbei und schauen ihn sich kurz an, irgendeiner bleibt stehen und betrachtet ihn genauer.

Erläuterung:

- ⇨ Außen am Polizeigebäude: für den Rechtsverkehr nach außen bestimmt
- ⇨ Passanten: für und gegen jedermann
- ⇨ Der stehenbleibende Irgendwer: jedem beliebigen Dritten

25.2 Beurkundet

Def. ⇨ Beurkundet in diesem Sinn sind **nur die Erklärungen, Vorgänge und Tatsachen**, auf die sich die **Beweiskraft** der jeweiligen öffentlichen Urkunde **erstreckt**.

Die Aussage des Angeklagten (a la Matlock[77])

Der Angeklagte sagt aus, danach wird das Verbrechen nachgestellt und ein Sachverständiger erläutert Fakten. Die Protokollführerin notiert alles fleißig.

Erläuterung:

⇨ Aussage des Angeklagten: Erklärungen

⇨ Nachstellung des Verbrechens: Vorgänge

⇨ Erläuterungen des Sachverständigen: Tatsachen

⇨ Protokollführerin: Erstreckung der Beweiskraft

Anmerkung: Für § 271 StGB können auch Vorschriften über den Beweisumfang gerichtlicher Protokolle entscheidend sein, die sonst erst in der Revisionsklausur des Zweiten Staatsexamens der Erörterung bedürfen.

25.3 Bewirken

Def. ⇨ Bewirken ist **jede Verursachung** der unrichtigen Beurkundung durch den zuständigen Amtsträger.

Der stempelfreudige Notar

Eine lange Schlange drängt sich bis zu seinem Tisch. Während er fleißig stempelt, kommt ein guter Bekannter herein und legt ihm mit vielsagendem Blick eine dubiose Verkaufsurkunde vor. Der Notar stempelt sie lächelnd und das Unrecht seines handelns kennend ab und wendet sich wieder der Schlange zu.

Erläuterung:

⇨ Dubiose Verkaufsurkunde und lächelnder Notar: Jede Verursachung (also auch die bösgläubige)

77 Ein rüstiger Fernsehanwalt aus den achtziger Jahren, der regelmäßig im Gerichtssaal zur Hochform auflief.

Problem:

„Muss für ein Bewirken die beurkundende Person gutgläubig gewesen sein?“[78]

26. Brandstiftung (§ 306)

26.1 In Brand gesetzt

Def. ⇨ Eine Sache ist schon dann in Brand gesetzt, wenn sie vom Feuer **in einer Weise erfasst** ist, die ein **Fortbrennen aus eigener Kraft**, das heißt ohne Fortwirken des Zündstoffes, ermöglicht.

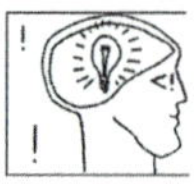

Der Brandstifter am Vorhang

Der Brandstifter hält eine Kerze kurz an den Vorhang und zieht sie dann wieder weg. Der alte Stoff brennt wie wild und fängt an, die Wände zu verzehren.

Erläuterung:

⇨ Der wie wild brennende Stoff: vom Feuer erfasst

⇨ Feuer an den Wänden: Fortbrennen aus eigener Kraft

26.2 In Brand setzen eines Gebäudes

Def. ⇨ Hierfür genügt die Inbrandsetzung eines für den **bestimmungsgemäßen** Gebrauch **wesentlichen** Bestandteils.

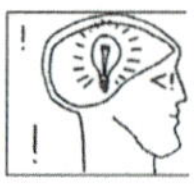

Die nächste Tat des Brandstifters

In einem anderen Haus lässt der Brandstifter die hölzerne Treppe, auf der üblicherweise Leute in die oberen Etagen gehen, auf dieselbe Weise in Flammen aufgehen und verschwindet.

[78] Joecks, § 271 Rn. 18; Diehn, Strafrecht 2, Streitstand 38.

Erläuterung:

- ⇨ Hölzerne Treppe: für den bestimmungsgemäßen Gebrauch (hier: Oben zu wohnen) wesentlicher Bestandteil

26.3 Wesentlicher Gebäudeteil

Def. ⇨ Ein Gebäudeteil ist dann wesentlich, wenn er **nicht jederzeit entfernt** werden kann, **ohne dass** das **Bauwerk** selbst beeinträchtigt würde.

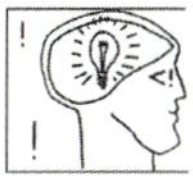

Die Säule in der Eingangshalle

Eine an sich unauffällige, kleine Säule in der Eingangshalle ist für die Statik des gesamten Hauses verantwortlich. Bei ihrer Entfernung würde die Halle bald einstürzen.

Erläuterung:

- ⇨ Die kleine Säule: nicht jederzeit entfernt
- ⇨ Möglicher Einsturz der Halle: ohne Beeinträchtigung des Bauwerks selbst

26.4 Brandlegen

Def. ⇨ Gelegt ist ein Brand, wenn die zerstörende oder gefährdende **Wirkung** des Brandmittels **eintritt**, zum **Brand selbst** muss es **nicht unbedingt** kommen, erfasst ist auch die **Explosion** des Brandmittels.

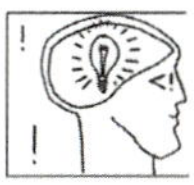

Der Brandstifter an der Scheune

Vorne am Tor frisst sich das Benzin zerstörerisch an den Balken empor, hinten explodiert das Gas lediglich, nachdem der Zünder, der noch glüht, betätigt wurde.

Erläuterung:

- ⇨ Der zerstörerische Fraß des Benzins: Wirkung des Brandmittels
- ⇨ Der glühende, aber „erfolglose“ Zünder: nicht unbedingt bis zum Brand selbst
- ⇨ Explosion: Dieselbe

26.5 Ganz zerstört

Def. ⇨ Ein Objekt ist ganz zerstört, wenn es **vernichtet** ist oder seine bestimmungsgemäße **Brauchbarkeit** vollständig **verloren** hat.

Nach einem Brand

Ein Haus ist bis auf die Grundmauern niedergebrannt, die Garage daneben steht zwar noch, aber ohne Dach und völlig baufällig.

Erläuterung:

⇨ Niedergebranntes Haus: vernichtet

⇨ Garage ohne Dach: Brauchbarkeit vollständig verloren

26.6 Gebäude

Def. ⇨ Ein Gebäude ist ein mit dem **Erdboden verbundenes**, mit **Wänden und Dach** versehenes Bauwerk, auch der **Rohbau** ohne Türen und Fenster.

Das Haus an sich

Das Haus steht auf der Erde, hat Wände und ein Dach und auf einem Plan, der neben dem Haus liegt, sieht man, dass es am Anfang wie alle Häuser ein Rohbau war.

Erläuterung:

⇨ Steht auf der Erde: fest mit dem Erdboden verbunden

⇨ Wände und Dach: selbige

⇨ Der Plan: Rohbau

27. Schwere Brandstiftung (§ 306a StGB)

27.1 Gemischt genutzt

Def. ⇨ Gebäude werden gemischt genutzt, wenn sie **sowohl** zu **gewerblichen** als auch zu **Wohnzwecken** genutzt werden.

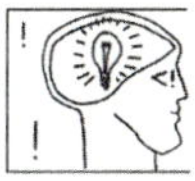

Das Haus des Architekten

Der Architekt lebt im zweiten Stock und hat im ersten Stock sein Büro.

Erläuterung:

⇨ Büro: gewerblich

⇨ Er lebt dort: Wohnzwecke

⇨ Beides in einem Haus: sowohl ... als auch

27.2 Zeitweise dem Aufenthalt von Menschen dienende Räumlichkeiten

Def. ⇨ Nötig ist nur, dass sich zum Zeitpunkt der Tat **dort üblicherweise** Menschen **aufzuhalten pflegen**, auf eine **wirkliche Anwesenheit** kommt es **nicht** an.

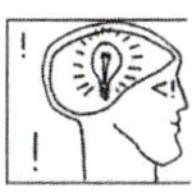

Im Tennisclubhaus

Im Clubhaus des T. C. (Tennis-Club) Methusalem sind um 15.00 Uhr üblicherweise einige gemütliche Helden des roten Sandes versammelt. Als ein erbostes Exmitglied Feuer legt, ist aber zufällig niemand da.

Erläuterung:

⇨ Die übliche Anwesenheit: sich üblicherweise dort aufzuhalten pflegen

⇨ Die wirkliche Leere: wirkliche Anwesenheit nicht entscheidend

Problem:

„Ist gegebenenfalls eine teleologische Reduktion des § 306a I StGB möglich?“[79]

28. Gefährliche Eingriffe in den Straßenverkehr (§ 315b StGB)

28.1 Ähnlicher ebenso gefährlicher Eingriff

Def. ⇨ Bei vorschriftswidrigem Verhalten im fließenden Straßenverkehr[80] ist hierfür nötig, dass der Fahrer das von ihm gesteuerte Fahrzeug **in verkehrsfeindlicher Einstellung bewusst zweckwidrig einsetzt**, mithin in der Absicht handelt, den Verkehrsvorgang **zu einem Eingriff** in den Straßenverkehr **zu pervertieren**, und es ihm darauf ankommt, hierdurch **in die Sicherheit des Straßenverkehrs einzugreifen**. Zudem ist **mindestens bedingter Schädigungsvorsatz** erforderlich.

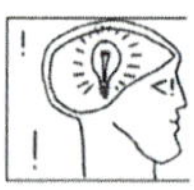

Der Amokfahrer

Er durchbricht die Straßensperre und setzt dabei gezielt sein Auto als Rammbock ein, das so die aufgestellten Schranken bei Seite schleudert. Er dringt so in den gesperrten Straßenbereich ein und lächelt kurz wegen der Schreie der beistehenden Passanten. Die Polizei, rechter Hand in mehreren Wagen, blickt nur konsterniert und verwirrt. Nach einigen Metern sieht er auf der linken Seite einen bewusstlosen Passanten, der von einer Absperrung getroffen wurde. Dies nimmt er mit gleichgültigem Blick hin, es war für ihn von Anfang an ein hinzunehmendes Risiko.

Erläuterung:

- ⇨ Durchbrechen der Straßensperre: verkehrsfeindliche Einstellung
- ⇨ Das Auto als Rammbock, das die Schranken bei Seite schleudert: bewusst zweckwidrig einsetzt

---

[79] Hillenkamp BT, Problem Nr. 15; Diehn, Strafrecht 2, Streitstand 40; Joecks, § 306a Rn. 12.

[80] Nur, wenn sich der Täter bereits im fließenden Straßenverkehr befindet, wird die Definition des Wortes „Eingriff“, welches ja ein „Von außen nach innen“ impliziert, problematisch. Für Verhalten im Straßenverkehr selbst gilt prinzipiell die Sperrwirkung des § 315c StGB. Es bedarf also erhöhter Anforderungen, um diese zu überwinden. Im Gegensatz zu solchen „internen Einwirkungen“ müssten solche von außen auf den Straßenverkehr bei Nummer 3 lediglich den Nummern 1 und 2 vergleichbar sein. Dies wäre beispielsweise beim Werfen von Steinen auf fahrende Fahrzeuge oder bei der Abgabe von Schüssen auf diese gegeben.

- ⇨ Eindringen in den gesperrten Bereich: Eingriff
- ⇨ Kühles Lächeln ob der Passantenschreie: pervertieren (Verbindung: Perverse Freude über das Leid der anderen)
- ⇨ Die verwirrte Polizei: in die Sicherheit des Straßenverkehrs einzugreifen (Verbindung: Polizei - Sicherheit; verwirrt - Beeinträchtigung, also Eingriff in die Sicherheit)
- ⇨ Gleichgültiger Blick auf den Passanten: mindestens bedingter Schädigungsvorsatz

Problem:

„Wann unterfällt ein bewusst verkehrswidriges Verhalten innerhalb des Straßenverkehrs dem § 351b I Nr. 3 StGB?“[81]

29. Gefährdung des Straßenverkehrs (§ 315c StGB)

29.1 Fahrzeug führen

***Def.* ⇨** Ein Fahrzeug führt, wer es allein- **oder** mitverantwortlich **in Bewegung** setzt oder es unter Handhabung seiner **technischen Vorrichtungen** während der Fahrbewegung durch den **öffentlichen Verkehrsraum** lenkt.

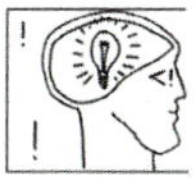

Die Fahrprüfung

Der Prüfer hilft dem Prüfling beim Anlassen, das Auto rollt an. Während der Fahrt hat der Prüfling das Lenkrad fest in der Hand und steuert den Wagen über einen großen Platz.

Erläuterung:

- ⇨ Prüfling: alleinverantwortlich
- ⇨ Prüfer: mitverantwortlich
- ⇨ Das Anlassen: in Bewegung setzt

[81] Joecks, § 315b Rn. 11.

⇨ Lenkrad: technische Vorrichtungen

⇨ Großer Platz: öffentlicher Verkehrsraum

29.2 Absolute Fahruntüchtigkeit

Def. ⇨ Eine solche liegt nicht nur bei einer Blutalkoholkonzentration von **1,1 Promille** vor, sondern **auch schon dann**, wenn die Alkoholmenge im Körper zu einer solchen Konzentration **führen wird.**

Nach der Meisterfeier

Der Fußballkapitän kann wegen seiner Volltrunkenheit nicht mehr nach Hause. Der Fahrer des Mannschaftsbusses könnte ihn zwar fahren, er hat aber gerade innerhalb von einer Minute ein halbes Bierfass geleert und wartet nur auf das Einsetzen der Wirkung.

Erläuterung:

⇨ Fußballkapitän: 1,1 (Siehe: 11 Fußballer)

⇨ Kann nicht mehr nach Hause: Promille (Siehe: Alkoholisierung)

⇨ Warten des Busfahrers auf die einsetzende Wirkung: auch schon dann, wenn ... dazu führen wird

29.3 Relative Fahruntüchtigkeit

Def. ⇨ Hierfür ist notwendig, dass zwar der Grenzwert von **1,1 Promille nicht erreicht** wurde, aber **mindestens 0,3 Promille** vorliegen und bestimmte **Ausfallerscheinungen** den Schluss auf eine alkoholbedingte Fahrunsicherheit zulassen.

Nach der Meisterfeier: Unerwartete Hilfe

Ein Hotelgast, der nicht Teil der Meistermannschaft ist, bietet seine Hilfe an. Die drei fahren geruhsam, der Helfende ist aber auch angetrunken und fährt in gefährlichen Schlangenlinien über die Straßen.

Erläuterung:

- ➪ Nicht Teil der (Fußball-)Meistermannschaft: 1,1 Promille nicht erreicht
- ➪ Die Drei: 0,3 Promille
- ➪ Schlangenlinien: Ausfallerscheinungen

29.4 Fremde Sache von bedeutendem Wert

Def. ➪ Der Wert ist nach dem **Verkehrswert** zu bestimmen, die **Untergrenze** sind **750 €.** Ein dem Täter nicht gehörendes, aber von ihm gesteuertes Fahrzeug kann keine Sache in diesem Sinne sein.

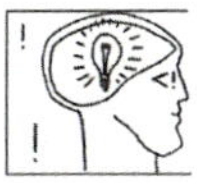

Die Uhr am Handgelenk

Es ist neun Uhr abends auf der Armbanduhr des Fahrers. Das Auto hat der Fahrer auf dem Hof eines Gebrauchtwagenhändlers gesehen und macht eine Probefahrt.

Erläuterung:

- ➪ Gebrauchtwagenhändler: Verkehrswert
- ➪ Neun Uhr: 750 €

Anmerkung: Die 750 € sind so zu merken: Drei Viertel von 1.000 € sind 750 €, drei Viertel von 12 Stunden (einmal rund um das Ziffernblatt) sind neun Uhr. Ich halte es für leichter zu merken als 7.50 Uhr. Hier kann jeder aber natürlich selbst entscheiden, was die Uhr anzeigen soll.

29.5 Geschützter Personenkreis

Def. ➪ Hiervon **ausgenommen** sind grundsätzlich **Tatteilnehmer**.

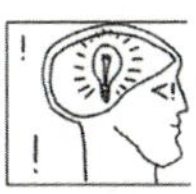

Der Raser

Der wilde Raser gefährdet nur sich selbst auf der einsamen Bergstraße.

Erläuterung:

⇨ Er gefährdet nur sich selbst: Tatteilnehmer sind ausgenommen.

Problem:

„Kann auch der Tatbeteiligte zum geschützten Personenkreis gehören?“[82]

29.6 Grobe Verkehrswidrigkeit

Def. ⇨ Eine solche ist ein Verhalten, das sich **objektiv** als **besonders schwerer Verstoß** gegen eine **Verkehrsvorschrift** und die **Sicherheit des Straßenverkehrs** darstellt.

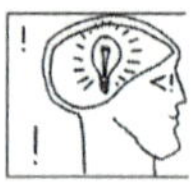

Der Raser: Die Weiterfahrt durch das Dorf

Der unbeteiligte Passant beobachtet, wie der Raser mit qualmenden Reifen und Tempo 100 durch eine Tempo-50-Zone fährt. Das Verkehrsschild steht auf der linken Seite, ein Radfahrer hält aus Vorsicht an.

Erläuterung:

⇨ Unbeteiligter Passant: objektiv

⇨ Tempo 100: besonders schwerer Verstoß

⇨ Verkehrsschild: Verkehrsvorschrift

⇨ Der anhaltende Radfahrer: Sicherheit des Straßenverkehrs

29.7 Rücksichtslos

Def. ⇨ Derjenige handelt rücksichtslos, der sich aus **eigensüchtigen Gründen** über seine Pflichten im Straßenverkehr **hinwegsetzt** oder aus **Gleichgültigkeit** Bedenken gegen sein Verhalten gar **nicht erst aufkommen** lässt und **unbekümmert** drauflosfährt.

[82] Hillenkamp BT, Problem Nr. 16; Joecks, § 315c Rn. 17.

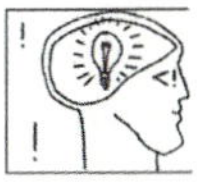

Tücken des Speditionsgeschäfts

Der Lkw-Fahrer will unbedingt ans Ziel kommen, um sein Geld zu kassieren. Er fährt trotz Verbotsschild über den Bordstein in das Maisfeld, blickt ungerührt nach vorne und pfeift ruhig ein Lied, während er auf seiner Abkürzung die Ernte des Bauern plattwalzt.

Erläuterung:

⇨ Er will sein Geld kassieren: eigensüchtige Gründe

⇨ Trotz Verbotsschild über den Bordstein: über die Pflichten hinwegsetzt

⇨ Ungerührter Blick: Gleichgültigkeit

⇨ Pfeifen: keine Bedenken; unbekümmert

30. Unerlaubtes Entfernen vom Unfallort (§ 142 StGB)

30.1 Unfallbeteiligter

Def. ⇨ Dies ist jeder, dessen Verhalten nach den jeweiligen Umständen zur Verursachung des Unfalls **beigetragen haben kann** (§ 142 Abs. 5 StGB).

Anmerkung: Diese Definition lässt sich dem Gesetz entnehmen. Deshalb wurde natürlich auf Geschichte und Erläuterung verzichtet. Sie wurde aber genannt, um einen Anknüpfungspunkt für das folgende Problem zu geben.

Problem:

Gilt bei Ehegatten der grundsätzliche Verdacht, sie seien „Unfallbeteiligte?"[83]

30.2 Verkehrsunfall

Def. ⇨ Ein Verkehrsunfall ist jedes für **zumindest einen** der Beteiligten **plötzliche**, mit dem **Straßenverkehr** und seinen **Gefahren ursächlich** zusammenhängende Ereignis, das einen **nicht völlig belanglosen** Personen- **oder** Sachschaden zur Folge hat.

[83] Joecks, § 142 Rn. 22.

Der geplatzte Reifen

Einer der Reifen platzt auf der Landstraße in einer gefährlichen Kurve, womit der Fahrer nicht gerechnet hat. Der Wagen schrammt gegen einen anderen, dabei holt sich der erste Fahrer eine Platzwunde und das Auto erhält einen sichtbar verbeulten Kotflügel.

Erläuterung:

- ⇨ Unerwartet für den Fahrer: für zumindest einen der Beteiligten plötzlich
- ⇨ Der geplatzte Reifen: mit dem Straßenverkehr und seinen Gefahren ursächlich zusammenhängend
- ⇨ Platzwunde: nicht völlig belangloser Personenschaden
- ⇨ Verbeulter Kotflügel: nicht völlig belangloser Sachschaden

Problem:

„Was sind die Voraussetzungen für einen Verkehrsunfall i.S.d. § 142 StGB?“[84]

30.3 Sichentfernen

Def. ⇨ Dies verwirklicht **nicht**, wer nur seine **Vorstellungspflicht verletzt**, aber am Tatort **bleibt**, **noch** liegt es bei Fällen eines **nicht willensgetragenen** Sichentfernens vor.

Nach dem Unfall

Der Fahrer sagt nichts über den Unfallhergang, er bleibt aber bei seinem Wagen. Der andere wird von Sanitätern weggetragen. Vor Gericht wird er freigesprochen.

Erläuterung:

- ⇨ Bleibt bei seinem Wagen: am Tatort bleibt
- ⇨ Sagt nichts über den Unfallhergang: wer seine Vorstellungspflicht verletzt

---

84 Joecks, § 142 Rn. 14, 15.

⇨ Von Sanitätern weggetragen: nicht willensgetragenes Sichentfernen

⇨ Vor Gericht freigesprochen: verwirklicht nicht

Problem:

„Liegt ein Sichentfernen vor, wenn sich der Täter mit Wissen der anderen Unfallbeteiligten in eine nahegelegene Gaststätte begibt, um dort das Eintreffen der Polizei abzuwarten?"[85]

30.4 Nachholpflicht

Def. ⇨ Diese gilt nur für das **berechtigte oder entschuldigte** Verlassen des Unfallortes, nicht auch für den Fall, dass ein Unfallbeteiligter sich **in Unkenntnis** des Unfalls, das heißt **unvorsätzlich,** vom Ort des Geschehens entfernt und erst im Anschluss daran von dem Unfall Kenntnis erlangt hat.

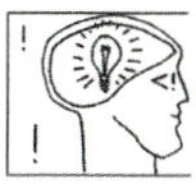

Der Biker ohne Reue

Der Motorradfahrer reißt den Rückspiegel eines Autos im Fahren ab, merkt es erst einen Kilometer später und kehrt dann trotzdem nicht um.

Erläuterung:

⇨ S. Gesetzestext für: berechtigt oder entschuldigt

⇨ Er merkt es erst später: in Unkenntnis, also unvorsätzlich

Problem:

„Liegt bei nachträglicher Kenntnis vom Unfall ein „unentschuldigtes" Entfernen vor?"[86]

30.5 Unverzüglich

Def. ⇨ Dies bedeutet nicht stets, dass sich sofort an die Polizei gewandt werden muss, das Merkmal ist vielmehr **einzelfallbezogen** zu bestimmen.

---

85 Joecks, § 142 Rn. 49.

86 Hillenkamp BT, Problem Nr. 17; Joecks, § 142 Rn. 5; Diehn, Strafrecht 2, Streitstand 43; BVerfG, Urteil vom 19.03.2007 = 2 BvR 2273/06 = NJW 2007, 1666.

Der Zug

Der Zug hat nur einen Wagon.

Erläuterung:

⇨ Ein Waggon: einzelfallbezogen

Problem:

„Liegt, wenn der Täter im Rahmen der unverzüglichen Ermöglichung der Feststellungen nicht die behördliche Stelle wählt, die am schnellsten zur Feststellung durch einen Berechtigten führen würde, auch dann ein Fall des § 142 StGB vor, wenn sich durch diese Wahl des Täters die Beweissituation nicht verschlechtert hat?“[87]

31. Vollrausch (§ 323a StGB)

31.1 Vollrausch

Def. ⇨ Es muss feststehen, dass im maßgeblichen **Zeitpunkt** ein **hochgradiger Rausch** vorgelegen hat und dass **aufgrund** dieses Defektzustandes bei **nicht ausschließbarer** Schuldunfähigkeit **zumindest** der **sichere** Bereich des **§ 21** StGB erreicht, die Schuldfähigkeit des Täters also **wenigstens erheblich** vermindert war.

Der Säufer

Er blickt auf die Uhr und sieht die Zeiger viermal. Er findet, recht verwirrt, seinen Haustürschlüssel nicht und tritt gegen den Briefkasten des Nachbarn, der mit einem Schloss gesichert ist und in großen Lettern die Nummer 21 StGB trägt. Er sitzt danach wie ein kleines Häufchen Elend auf seiner Türschwelle.

Erläuterung:

⇨ Uhr: maßgeblicher Zeitpunkt

87 Joecks, § 142 Rn. 69.

- ⇨ Vier Zeiger statt einem: hochgradiger Rausch
- ⇨ Recht verwirrt (wegen des Rausches): aufgrund des Defektzustandes
- ⇨ Findet Haustürschlüssel nicht: nicht ausschließbare Schuldunfähigkeit
- ⇨ Gesicherter Briefkasten: der sichere Bereich
- ⇨ Nummer 21: § 21 StGB
- ⇨ Kleines Häufchen Elend: wenigstens erheblich vermindert

Problem:

„Kann eine Auslegung des Rauschmerkmals nur im Zusammenhang mit der Schuldfrage erfolgen?“[88]

32. Unterlassene Hilfeleistung (§ 323c StGB)

32.1 Unglücksfall

Def. ⇨ Dies ist jedes **plötzlich eintretende** Ereignis, das die **unmittelbare Gefahr** eines **erheblichen** Schadens für andere **Menschen** oder fremde **Sachen** von **bedeutendem** Wert hervorruft.

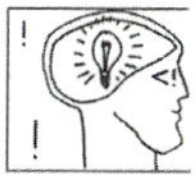

Der Amokläufer in der Bank

Wegen des geplatzten Schecks geht er mit einem wütenden Blick und versteckter Pistole in die Bank, um Geld abzuheben. Die Menschen in der Schlange und die wertvollen Gemälde bedeuten ihm nichts, er geht daran vorbei zum Büro des Direktors.

Erläuterung:

- ⇨ Geplatzter Scheck: Plötzliches Ereignis
- ⇨ Wütender Blick und versteckte Pistole: unmittelbare Gefahr
- ⇨ Um Geld abzuheben: erheblicher Schaden

88 Joecks, § 323a Rn. 22; Diehn, Strafrecht 2, Streitstand 44.

⇨ Menschen in der Schlange: Menschen

⇨ Wertvolle Gemälde: Sachen von bedeutendem Wert

Anmerkung: Im Beispiel wurde mit zum ersten Mal eine andere Art der Codierung verwendet: Üblicherweise wäre der Ausdruck „unmittelbare Gefahr“ über eine Darstellung von Mitte (eine Zielscheibe; die Mitte des Banksaals; ...) codiert worden, hier erfolgte die Bilderstellung aber über den unmittelbar entstehenden Gefühlseindruck, der beim Vorstellen von „grimmiger Blick“ und „versteckte Pistole“ hervorgerufen wird. Dies wurde so gewählt, um die Flexibilität des Geschichtenansatzes zu verdeutlichen: Der Leser ist nicht auf eine bestimmte Art der Bildgestaltung für die Stichworte festgelegt, sondern kann bei einer eventuellen Erstellung eigener Geschichten stets seiner eigenen Intuition folgen.

Probleme:

1. „Kann auch ein Selbstmordversuch einen Unglücksfall darstellen?“[89]

2. „Inwiefern kann auch die Verletzung bedeutender Sachwerte das Merkmal des „Unglücksfalls“ erfüllen?“[90]

32.2 Erforderlich

Def. ⇨ Die Erforderlichkeit ist nicht gegeben, wenn der Betroffene sich in jeder Hinsicht **selbst zu helfen** vermag, wenn bereits **von anderer Seite** ausreichende Hilfe geleistet wird, wenn der Verunglückte **schon tot** ist oder wenn ein Tätigwerden nach dem vorausschauenden Urteil eines verständigen Beobachters **offenbar sinnlos** wäre.

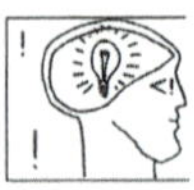

Die Nichtschwimmer im See

Er schlägt wild mit den Armen um sich, und hält sich so selbst über Wasser. Vom Ufer aus will ihm trotzdem noch jemand helfen. Ein Weiterer schwimmt neben ihm ertrunken im Wasser. Ein anderer wird gerade in einer Bucht in der Nähe von einem Strudel in die Tiefe gerissen, in die die Helfer nicht ohne Hilfsmittel gelangen könnten.

Erläuterung:

⇨ Er hält sich selbst über Wasser: sich selbst zu helfen vermag

[89] Joecks, § 323c Rn. 10.

[90] Joecks, § 323c Rn. 7.

- ⇨ Hilfe vom Ufer: von anderer Seite ausreichende Hilfe
- ⇨ Die Leiche im Wasser: Verunglückter schon tot
- ⇨ Vom Strudel in die Tiefe gerissen: Tätigwerden offenbar sinnlos

32.3 Zumutbar

Def. ⇨ Die Zumutbarkeit ist vom Grad der **Gefährdung** des Hilfsbedürftigen und von der **Beziehung** des zur Hilfe Fähigen zum Unfallgeschehen **abhängig**.

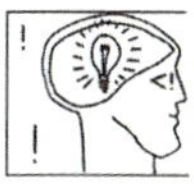

Brüchiges Eis

Ein Mann ist auf dem Eis eines Sees eingebrochen und treibt nun im eiskalten Wasser. Seine Frau hängt sich an einen Ast über dem Loch und will ihn herausziehen.

Erläuterung:

- ⇨ Er treibt im eiskalten Wasser: Gefährdung des Hilfsbedürftigen
- ⇨ Seine Frau: Beziehung
- ⇨ Sie hängt sich an einen Ast: abhängig

Problem:

„Kann die Gefahr der Strafverfolgung die Zumutbarkeit ausschließen, wenn es um Straftaten geht, die mit dem Unglücksfall nichts zu tun haben?“[91]

33. Vorteilsannahme (§ 331 StGB)

33.1 Vorteil

Def. ⇨ Dies stellt jede **Zuwendung** materieller oder immaterieller Art dar, die den Amtsträger oder den Dritten **wirtschaftlich, rechtlich oder persönlich** objektiv **messbar besser stellt** und auf die **kein** durchsetzbarer **Anspruch** besteht.

[91] Joecks, § 323c Rn. 27: Grund der Diskussion ist, dass von Einigen bei Bejahung der Zumutbarkeit in diesen Fällen die Aufweichung des Grundsatzes „nemo tenetur se ipsum accusare.“ (Lat.: Niemand ist gehalten sich selbst zu belasten.) befürchtet wird.

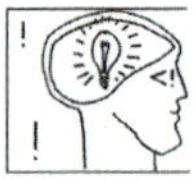

Die Freuden des Beamten

Der Beamte nimmt ein Geldbündel an, zudem erhält er auf einem Zettel die Adresse einer Prostituierten, zu der er kostenlos gehen kann. Mit dem erhaltenen Geld geht er in eine Wirtschaft, zahlt bei seinem Anwalt die Schulden und kauft seiner Frau einen schönen Ring, über den sie sich, mit sicht- und hörbarem Lachen, sehr freut. Das BGB auf dem Regal in der Beamtenstube ist hinter anderen Werken versteckt und kaum zu sehen.

Erläuterung:

⇨ Geldbeutel: Zuwendung materieller Art

⇨ Zettel mit Adresse: Zuwendung immaterieller Art

⇨ In die Wirtschaft: wirtschaftlicher Art

⇨ Anwaltsschulden: rechtlicher Art

⇨ Seiner Frau: persönlich

⇨ Das Lachen seiner Frau: objektiv messbar besser stellt

⇨ Das versteckte, verdeckte BGB: kein durchsetzbarer Anspruch

Problem:

„Wann fallen angeworbene Drittmittel im universitären Betrieb unter den Begriff des „Vorteils“?“[92]

33.2 Dienstausübung

Def. ⇨ Dienstausübung ist jede Tätigkeit, die zu den dienstlichen **Obliegenheiten** gehört und in **amtlicher Eigenschaft** vorgenommen wird.

92 Joecks, § 331 Rn. 14.

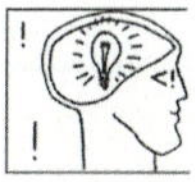

Der Strandwärter und seine Pflicht

Der Strandwärter sieht die Leute liegen und trägt stolz seine Badewärterkappe der Stadt, als er ein Bußgeld gegen schreiende Kinder verhängt.

Erläuterung:

- ⇨ Bußgeld gegen schreiende Kinder: dienstliche Obliegenheiten
- ⇨ Badewärterkappe: in amtlicher Eigenschaft

III. DEFINITIONEN DES BESONDEREN TEILS II

1. Sachbeschädigung (§ 303 StGB)

1.1 Sache

Def. ⇨ Sachen sind alle **körperlichen** Gegenstände.

Der Dieb im Museum

In der Dunkelheit entwendet er eine Statue.

Erläuterung:

⇨ Statue: körperlicher Gegenstand

1.2 Fremd

Def. ⇨ Eine Sache ist fremd, wenn sie im **Eigentum eines anderen** steht.

Der Fremdenführer

Der Fremdenführer entwendet den Koffer einer Touristin, auf dem zum Glück ihr Name eingebrannt ist.

⇨ Eingebrannter Name: Eigentum eines anderen

1.3 Beschädigen

Def. ⇨ Eine Sache ist beschädigt, wenn ihre **Substanz verletzt** oder ihre **Brauchbarkeit gemindert** ist.

Ein Koffer

Der Koffer hat einen tiefen Riss, zudem ist das Schloss defekt, so dass er stets wieder aufklappt.

Erläuterung:

- ⇨ Tiefer Riss: Substanz verletzt
- ⇨ Defektes Schloss und das daherrührende Aufklappen: Brauchbarkeit gemindert

1.4 Zerstören

Def. ⇨ Ein Zerstören liegt dann vor, wenn aufgrund der erfolgten Einwirkung auf die Sache diese in ihrer **Existenz vernichtet** oder so **wesentlich beschädigt** ist, dass sie ihre bestimmungsgemäße **Brauchbarkeit völlig verloren** hat.

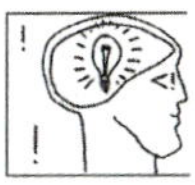

Der gefällte Baum

Der Baum im Garten ist gefällt, die Schaukel darunter von einem gefallenen Ast so instabil gemacht, dass man auf ihr nicht mehr gefahrlos schaukeln kann.

Erläuterung:

- ⇨ Gefällter Baum: Existenz vernichtet
- ⇨ Instabile Schaukel: wesentlich beschädigt
- ⇨ Einsturzgefahr bei weiterem Schaukeln: Brauchbarkeit völlig verloren

1.5 Verändern des Erscheinungsbildes

Def. ⇨ Dies ist gegeben, wenn eine **unmittelbare Einwirkung** vorliegt, die **nicht nur unerheblich** erfolgt, **nicht nur vorübergehend** anhält und **unbefugt** vorgenommen wird.

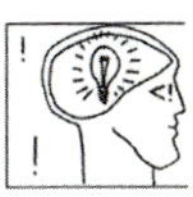

Der unbefugte Straßenmaler mit Permanent-Acryl

Er malt unmittelbar auf dem Pflasterboden, sein Gemälde ist groß. Die Farbe bleibt lange haften und ist auch von einem Bediensteten der Stadt mit einem Lappen nicht zu entfernen.

Nach seiner Erlaubnis gefragt, kann der Maler nur mit den Schultern zucken.

Erläuterung:

- ⇨ Unmittelbar auf den Pflasterboden: unmittelbare Einwirkung
- ⇨ Großes Gemälde: nicht nur unerheblich
- ⇨ Der nutzlose Lappen: nicht nur vorübergehend
- ⇨ Das Schulterzucken (wegen fehlender Erlaubnis): unbefugt

2. Gemeinschädliche Sachbeschädigung (§ 304 StGB)

2.1 Dem öffentlichen Nutzen dienen

Def. ⇨ Gegenstände dienen dann dem öffentlichen Nutzen, wenn sie **im Rahmen** ihrer Zweckbestimmung der **Allgemeinheit** unmittelbar **zugute** kommen, sei es in Form des Gebrauchs oder in anderer Weise.

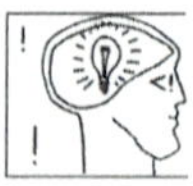

Die Parkuhr

Sie steht in einem festen Metallrahmen im Boden, die Leute benutzen sie täglich, wie es auch ihr Zweck ist.

Erläuterung:

- ⇨ Fester Metallrahmen: im Rahmen ihrer Zweckbestimmung
- ⇨ Die Leute: (der) Allgemeinheit (unmittelbar zugute)

3. Diebstahl (§ 242 StGB)

3.1 Sache

Def. ⇨ Sache i.S.d. Strafrechts sind alle **körperlichen** Gegenstände ohne Rücksicht auf ihren **wirtschaftlichen** Wert.

Aktenordner

Man nimmt ihn in die Hand, er enthält nur wertlose Dokumente (Als kurzer Merksatz: „Körperlich in der Hand, wirtschaftlich uninteressant.")

Erläuterung:

⇨ In die Hand genommen: körperliche Ausdehnung

⇨ Wertlose Dokumente: ohne Rücksicht auf den Wert

3.2 Beweglich

Def. ⇨ Alle Sachen, die **fortgeschafft** werden **können**, sind beweglich.

Schafe auf der Wiese

Das Gras, das die Schafe fressen, ist zwar im Boden nicht beweglich gewesen, durch das Abbeißen wurde es aber beweglich gemacht.

Erläuterung:

⇨ Vorgang des Abbeißens: fortgeschafft werden können

3.3 Fremd

Def. ⇨ Eine Sache ist fremd, wenn sie im **Eigentum eines anderen** steht, also **weder herrenlos** ist noch **ausschließlich dem Täter** selbst gehört.

Kleidersack zum Abholen an der Straße, Bestimmungsort ist Afrika

Hieran kann man gut die Definition verdeutlichen: Ein Obdachloser kommt vorbei, will sich Kleidung nehmen, blickt aber zum Haus hin und denkt sich: „Rechtlich kenne ich mich nicht aus, aber die Kleider werden wohl entweder noch dem Hauseigentümer oder schon dem karitativen Dienst (er sieht den Lastwagen ja bereits in der Ferne anrollen) gehören."

Der Obdachlose geht betrübt weiter und findet eine hingeworfene alte Zeitung.

Er nimmt sie auf und blickt sich um: Niemand reklamiert die Zeitung für sich. Glücklicher als zuvor begibt er sich zur nächsten Parkbank, deckt sich mit der Zeitung zu und schläft ein.

Erläuterung:

- ⇨ Gedanke an einen anderen potentiellen Eigentümer: „Eigentum eines anderen"
- ⇨ Die weggeworfene Zeitung: „herrenlos"
- ⇨ Ansichnahme der weggeworfenen Zeitung: ausschließlich dem Täter gehörend

Anmerkung: Entscheidend ist also nur die Frage nach dem (auch Mit-!)Eigentum eines anderen.
Im Fall der weggeworfenen Zeitung liegt eine Dereliktion vor, das Eigentum wurde mit dem Wegwerfen aufgegeben. Die Stadt hat nicht, wie etwa ein Kinobesitzer, Gewahrsam an verlorenen Gegenständen hat, automatisch Eigentum an allen auf die Straße geworfenen Gegenständen. Dies will sie auch gar nicht.

3.4 Wegnahme

Wegnahme meint den **Bruch fremden** Allein- oder Mitgewahrsams und die **Begründung neuen**, nicht notwendig, aber regelmäßig eigenen Gewahrsams.

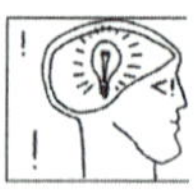

Ladendieb nimmt einen Keks aus der Keksschachtel und steckt ihn ein

Er muss zuerst die Keksschachtel aufreißen. Als er den Keks in seine Manteltasche steckt, befindet sich der Gegenstand nicht mehr in der Luft, sondern hat eine neue, schützende Heimstatt gefunden.

Erläuterung:

- ⇨ Aufreißen der Schachtel: Bruch fremden Gewahrsams
- ⇨ Keks in der Manteltasche: Begründung neuen Gewahrsams

Anmerkung: Für die „Wegnahme"-Definition wird noch nicht ausführlich auf den Gewahrsamsbegriff eingegangen. Zu beachten ist aber die zweiseitige Struktur (ähnlich den Schalen einer Waage): So wie das eine aufgehoben wird, wird das andere (der neue Gewahrsam) begründet.

3.5 Gewahrsam

Def. ⇨ Gewahrsam ist die **tatsächliche Sachherrschaft** eines Menschen über eine Sache, die von einem natürlichen **Herrschaftswillen** getragen und deren Reichweite von der **Verkehrsauffassung** bestimmt wird.

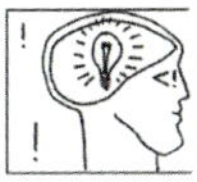

Der Dieb trägt das Gemälde nachts aus dem Museum

Er sieht sich um, niemand ist in der Nähe, doch er hält das Bild noch fester und trägt es weiter. Man sieht seinen klar auf den Fluchtweg gerichteten Blick, der ausdrückt, dass er das Bild auch haben will. An der Straße, an der sein Fluchtauto steht, ist es menschenleer, kein Verkehr weit und breit unter dem Mond.

Erläuterung:

- ⇨ Der feste Griff um das Bild: tatsächliche Sachherrschaft
- ⇨ Blick auf den Fluchtweg: Herrschaftswillen
- ⇨ Kein Verkehr weit und breit: Verkehrsauffassung

Anmerkung: Wer will, kann dies als Fortsetzung zur ersten Museumsdiebgeschichte (Entwendung der Statue) sehen oder das Geschehen nun zum Beispiel in einer reinen Gemäldegalerie spielen lassen.

Problem:

„Begriff des Gewahrsams?“[93]

3.6 Gewahrsamswechsel

Def. ⇨ Die Frage nach einem Gewahrsamswechsel richtet sich *nach dem gewählten Gewahrsamsbegriff,* hier also (siehe oben) nach dem *Einzelfall* und der *Verkehrsauffassung*.

Anmerkung: Hier ist keine eigene Definition nötig, man arbeitet mit der zu „Gewahrsam“ gegebenen.

[93] Joecks, § 242 Rn. 11; Diehn, Strafrecht 2, Streitstand 45.

3.7 Gewahrsamsbruch

Def. ⇨ Fremder Gewahrsam wird gebrochen, wenn die **Sachherrschaft** des bisherigen Gewahrsamsinhabers **gegen** seinen Willen oder **zumindest ohne** sein Einverständnis **aufgehoben** wird.

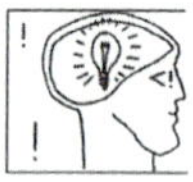

Der Kofferträger am Bahnhof läuft plötzlich davon

Er weiß, dass der Inhalt des Koffers wertvoll ist, geht einige Schritte neben dem alten Ehepaar, macht plötzlich kehrt und sucht das Weite. Die Entfernung wird ständig größer.

Die zeternde ältere Dame hebt ihren Schirm und schimpft: „Haltet den Verbrecher!“

Der ältere, fast taube Ehemann hingegen bemerkt dies alles nicht, wäre aber gewiss damit nicht einverstanden.

Erläuterung:

⇨ Größer werdende Entfernung: Sachherrschaft aufgehoben

⇨ Zeternde ältere Dame: gegen den Willen

⇨ Älterer Mann: ohne den Willen

Anmerkung: Die beiden Eheleute hatten im Beispiel Mitgewahrsam an dem Koffer.

Probleme:

1. „Besteht ein tatbestandsausschließendes Einverständnis von Kassenpersonal bezüglich Gegenständen im Einkaufswagen, die gar nicht bemerkt wurden?“[94]

2. „Liegt beim Tanken ohne zu bezahlen ein Gewahrsamsbruch vor?“[95]

---

94 Diehn, Strafrecht 2, Streitstand 46.

95 Joecks, § 242 Rn. 41.

3.8 Begründung neuen Gewahrsams

Def. ⇨ Der Täter muss die **tatsächliche Herrschaft** über die Sache derart erlangt haben, dass ihrer Ausübung **keine wesentlichen Hindernisse** mehr entgegenstehen.

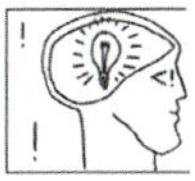

Supermarkt der Zukunft mit Lichtschranken an den Ausgängen und Wachen an jeder Schranke

Zwar hat der Dieb die Sache eingesteckt, er sieht aber mit mulmigem Gefühl zu der Schranke und den böse blickenden Wachen hin. Er wird nicht ohne Entdeckung durch die Schranke gehen und bei Entdeckung in keinem Fall an den Wachen vorbeikommen können.

Erläuterung:

- ⇨ Eingesteckte Sache: tatsächliche Sachherrschaft
- ⇨ Magnetschranke und Wachen: wesentliche Hindernisse

Anmerkung 1: Der typische Fall ist der, dass der Dieb den Gegenstand in seiner Kleidung verbirgt und den Machtbereich ungehindert verlassen kann. Deshalb liegt dort auch schon beim Einstecken (die bekannte „Gewahrsamsenklave") eine Begründung neuen Gewahrsams vor. Hier aber nicht: Es handelt sich bei der Geschichte um eine Ausnahme von Fall der Gewahrsamsenklave, der bewußt plakativ gestaltet wurde. Es sollte die Notwendigkeit betont werden, dass auch im Fall des Einsteckens der Ware der Ausübung der tatsächlichen Herrschaft keine wesentlichen Hindernisse mehr entgegenstehen dürfen[96].

Anmerkung 2: Der bekannte Klausurfall der elektromagnetischen Sicherungsetiketten an einer Ware ist anders gelagert: Er ist wichtig für § 243 I S. 2 Nr. 2 StGB („andere Schutzvorrichtungen") und dort umstritten, weil die Etiketten die Ware nicht gegen die Wegnahme selbst schützen, sondern nur der Wiedererlangung des Gewahrsams dienen (Zur Vertiefung s. Fn. 98). Die Begründung neuen Gewahrsams durch Einstecken ist bei Sicherungsetiketten nahezu immer unproblematisch.

---

96 Natürlich lässt sich auch darüber diskutieren mit dem Argument, dem Dieb stünden trotzdem keine Hindernis entgegenstehen, die Sachherrschaft innerhalb seiner Manteltasche auszuüben, auf ein Verlassen käme es nicht an. Solange er die magnetische „Einzäunung" nicht verlassen wolle, habe er eben Gewahrsam. Es ist jedoch zweifelhaft, inwiefern eine solche „permanente Manteltaschenherrschaft", die, wie in der Geschichte, den Einkaufsbereich als fremde Sphäre unter keinen Umständen verlassen kann, nach der Verkehrsanschauung noch als „Gewahrsam" angesehen werden kann. Selbst dann wird es jedenfalls an der Zueignungsabsicht scheitern, wenn der Dieb wie in der Geschichte weiß, dass er bei Ladenschluss Farbe bekennen muss: Die Sache zurücklegen oder mit der Sache von den Wachen sicher gefasst werden.

Sensibel sollte man aber werden, wenn in einem dann eher lebensfremd gestalteten Fall ausnahmsweise die Situation der obigen gleicht (Wenn also bereits an den Sicherungsschranken Kaufhausdetektive stehen, um die Kunden im Falle eines Alarmes abzufangen. Dann entfiele § 242 StGB mangels Wegnahme, es könnte sich aber die Diskussion „Regelbeispiele bei Versuch des § 242 StGB“ anschließen.).

3.9 Beendigung des Diebstahls

Def. ⇨ Der Diebstahl ist erst dann beendet, wenn der vom Täter begründete neue Gewahrsam eine gewisse **Festigung und Sicherung** erreicht hat.

Der Dieb verstaut die Beute in seiner Garage und sperrt diese ab

Er betrachtet das eiserne Tor mit dem großen Schloss.

Erläuterung:

- ⇨ Eisernes Tor: Festigung
- ⇨ Großes Schloss: Sicherung

3.10 Zueignungsabsicht

Def. ⇨ Dies ist der **auf Zueignung gerichtete** Wille, für die **Aneignung** ist **Absicht** nötig, für die **Enteignung** dagegen nur **bedingter Vorsatz**.

Der Dieb nimmt die Sache mit leuchtenden Augen an sich

Er blickt wie gebannt auf die Sache. Den bestohlenen Eigentümer würdigt er nur eines kurzen Blickes.

Erläuterung:

- ⇨ Faszination der Sache: Absicht nötig für Aneignung
- ⇨ Der unwichtige Eigentümer: Bedingter Vorsatz genug für Enteignung

3.11 Gegenstand der Zueignung

Def. ⇨ Der Täter verleibt die **Sache** oder den in ihr verkörperten **Sachwert** mit **Ausschlusswirkung** gegen den Eigentümer dem **eigenen Vermögen** ein.

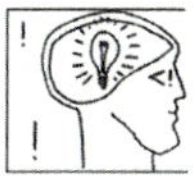

Der Millionär und Gelegenheitsdieb

Er trägt den gestohlenen Anzug über der Schulter. Am Anzug baumelt noch das Preisschild. Der Millionär verschließt die Tür seiner Villa hinter sich und geht zufrieden pfeifend zu seinem großen Tresor. Er öffnet ihn und legt den Anzug zu seinen weiteren Schätzen.

Erläuterung:

- ⇨ Anzug: die Sache
- ⇨ Preisschild: Sachwert
- ⇨ Schließen der Villentür: Ausschlusswirkung
- ⇨ Er legt den Anzug in den Safe: dem eigenen Vermögen einverleiben

Problem:

„Ist das „lucrum ex re“ die Grenze der Sachwerttheorie?“[97]

3.12 Zueignung

Def. ⇨ Zueignung ist **Aneignung** und **Enteignung**.

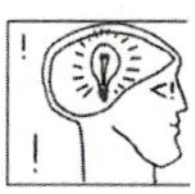

Ein Zug an der Station

Der Zug hält an und wird entladen.

Erläuterung:

- ⇨ Zug: Zueignung

97 Hillenkamp BT, Problem Nr. 20; Joecks, Vor § 242 Rn. 36; Diehn, Strafrecht 2, Streitstand 47.

- ⇨ Er hält an: Aneignung
- ⇨ Er wird entladen: Enteignung

Anmerkung: Diese Szene war eher phonetisch als durch die rechtliche Struktur inspiriert, bot sich aber an. Bei derart kurzen Definitionen kann man sich auch ein wenig mehr von der rechtlichen Struktur entfernen, weil die reinen Auslöser für deren Wiedererinnerung genug sind.

Problem:

„Ist eine Kausalbeziehung zwischen Aneignung und Enteignung nötig?“[98]

3.13 Aneignung

Def. ⇨ Aneignung meint die **Anmaßung** einer **eigentümerähnlichen** Verfügungsgewalt zu eigenen Zwecken durch die **Betätigung** des Willens, die fremde Sache oder den in ihr verkörperten Sachwert (wenn auch nur vorübergehend) dem eigenen Vermögen **einzuverleiben**, insbesondere **für eigene Rechnung darüber zu verfügen**.

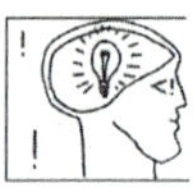

Der Millionär und Gelegenheitsdieb: Fortsetzung

Es ist dem Millionär ein Vergnügen, die gestohlenen Gegenstände anonym auf dem Markt anzubieten. Er hat hierfür seinen eigenen Stand gepachtet. Er hängt den Anzug zum Verkauf in den Stand. Er selbst stellt sich als Marktschreier dazu. Anbietend streckt er den Passanten die Hände entgegen. Er will den Anzug an den Mann bringen und hat schon vorne auf der Theke ein Preisschild aufgestellt.

Erläuterung:

- ⇨ Der Anzug im Stand: Anmaßung (Auch lautähnlich zu merken: Maßanzug)
- ⇨ Er als Marktschreier: eigentümerähnliche Verfügungsgewalt
- ⇨ Entgegenstrecken der Hände: Betätigung des Willens (hier des Verkaufswillens)
- ⇨ Preisschild: für eigene Rechnung darüber zu verfügen (Sonderfall des Einverleibens)

[98] Joecks, Vor § 242 Rn. 43.

Anmerkung: Wichtig ist bei dieser Definition und allgemein beim Zueignungsbegriff, stets im Auge zu behalten, dass es sich beim Diebstahl um ein Delikt mit überschießender Innentendenz handelt. Alle Umstände, die sich auf Zueignung, also auf Aneignung und Enteignung beziehen, müssen lediglich in der Vorstellung des Täters während der Wegnahme existieren! Das Beispiel konkretisiert also eine Aneignung, es muss aber nicht zu einer Aneignung kommen, damit ein Diebstahl bejaht werden kann: Diebstahl ist schon die bloße Wegnahme (siehe oben) in Zueignungsabsicht. Das Merkmal „für eigene Rechnung darüber zu verfügen" ist also nur subjektiv nötig.

3.14 Enteignung

Def. ⇨ Eine Enteignung liegt vor, wenn der Täter sich unter **endgültiger Ausschließung** des Eigentümers ganz oder teilweise wirtschaftlich **an dessen Stelle** setzt.

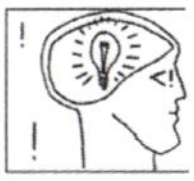

Autofahrt ohne Rückgabewillen

Ein Autodieb fährt gemütlich übers Land, für den Eigentümer, der hilflos in der weit entfernten Stadt steht, ist er völlig unerreichbar. Der Dieb sitzt bei der Fahrt auf dem Fahrersitz.

Erläuterung:

⇨ Weit entfernter Eigentümer: endgültige Ausschließung (bildlicher hierfür: Die während der Fahrt verschlossene Tür)

⇨ Der Dieb auf dem Fahrersitz: an dessen Stelle

3.15 Rechtswidrigkeit der Zueignung

Def. ⇨ An der objektiven Rechtswidrigkeit der Zueignung fehlt es, wenn ihr ein **fälliger** und **einredefreier Anspruch** auf **Übereignung** der weggenommenen Sache zu Grunde liegt.

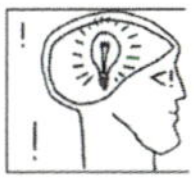

Kaufvertrag über ein wertvolles Gemälde, der Käufer entwendet es aus der Galerie

Er hat noch den Kaufvertrag in der Hand. Auf dem Vertrag steht in großen roten Buchstaben: S O F O R T. Als der wütende Gläubiger mit dem Gemälde die Galerie verlässt, sitzt der Pförtner nur ruhig da und lässt ihn gehen.

Erläuterung:

⇨ Kaufvertrag: Anspruch auf Übereignung

⇨ S O F O R T: fällig

⇨ Der stille Pförtner: einredefrei

Anmerkung: Dies ist eine der Einfallstellen für (nicht zu ausführliche) zivilrechtliche Inzidentprüfungen in einer Strafrechtsklausur.

4. Besonders schwerer Fall des Diebstahls (§ 243 StGB)

4.1 Umschlossener Raum

Def. ⇨ Dies ist jedes **Raumgebilde**, das zumindest auch zum Betreten durch Menschen **bestimmt** und mit **Vorrichtungen** versehen ist, die das Eindringen von **Unbefugten abwehren** sollen und **tatsächlich ein Hindernis** bilden, das ein solches Eindringen **nicht unerheblich** erschwert.

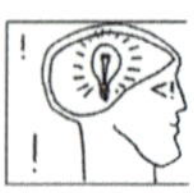

Ein Auto

Ein Auto hat einen Innenraum, in den man durch die mit Türschlössern ausgestatteten Türen gelangen kann. Nun kommt ein Autodieb an, der aber wegen der momentan verschlossenen Türen erst einmal nicht hinein kann. Er hält inne und wühlt in seinem Rucksack. Nach einigem Plagen und Mühen schafft er es mit seinem Werkzeug, die Tür zu öffnen. Es gelingt aber erst, als schon die vom Türalarm gerufene Polizei naht.

Erläuterung:

⇨ Innenraum: Raumgebilde

⇨ Türen: zum Betreten von Menschen bestimmt

⇨ Die Türschlösser: Vorrichtungen zur Abwehr von Unbefugten

⇨ Der Autodieb: Eindringen von Unbefugten abwehren

⇨ Das Wühlen im Rucksack (wegen der verschlossenen Tür): tatsächlich ein Hindernis

⇨ Von der Polizei überrascht (weil von der Tür aufgehalten): Eindringen nicht unerheblich erschwert

Anmerkung: Das Auto als „umschlossener Raum“ ist häufig Gegenstand von Klausuren.
Der Alarm selbst wäre, zum Beispiel bei einem Auto gänzlich ohne oder mit defektem Türschloss, nicht genug: Er bildet kein „tatsächliches Hindernis“ wie die Türschlösser.

4.2 Gebäude

Def. ⇨ Ein Gebäude ist ein durch **Wände und Dach** begrenztes, mit dem Erdboden fest (wenn auch allein durch die eigene Schwere) verbundenes Bauwerk, das den Eintritt von Menschen **gestattet** und Unbefugte **fernhalten** soll.

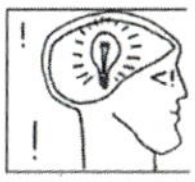

Ein Haus

Es hat Wände und ein Dach. Die Tür steht zwar offen, hat aber auch ein starkes Schloss.

Erläuterung:

- ⇨ Wände und Dach: sich selbst
- ⇨ Offene Tür: Eintritt von Menschen gestattet
- ⇨ Starkes Schloss: Unbefugte fernhalten

4.3 Einbrechen

Def. ⇨ Darunter versteht man das **gewaltsame**, **nicht notwendig substanzverletzende** Öffnen einer dem Zutritt entgegenstehenden Umschließung.

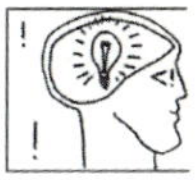

Ein Dieb am Gartenschuppen

Er öffnet die Tür des Schuppens mit einem Brecheisen. Dies geschieht aber so geschickt, dass keine Beschädigung zurückbleibt.

Erläuterung:

- ➪ Das Brecheisen: gewaltsam
- ➪ Die unbeschädigte Türöffnung: nicht notwendig substanzverletzend

Anmerkung: Natürlich liegt mangels Einwirkung auf einen Menschen keine „Gewalt" i.S.d. § 240 StGB vor.

4.4 Einsteigen

Def. ➪ Einsteigen ist jedes **Hineingelangen** in das Gebäude oder den umschlossenen Raum durch eine zum ordnungsgemäßen Eintritt **nicht bestimmte Öffnung** unter Überwindung von Hindernissen und Schwierigkeiten, die sich **aus der Eigenart** des Gebäudes oder der Umfriedung des umschlossenen Raumes ergeben und die das Hineingehen **nicht unerheblich** erschweren.

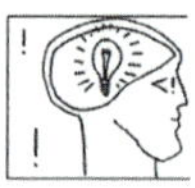

Der Dieb klettert durch das tiefliegende Kellerfenster

Der Mond scheint, der Unbekannte windet sich hinein. Neben dem Kellerfenster ist eine hohe Tür in die Wand eingelassen. Es ist nicht leicht für ihn und er muss sich sehr anstrengen, weil das Kellerfenster recht klein geraten ist. Als er endlich in den Keller gelangt, wischt er sich den Schweiß von der Stirn.

Erläuterung:

- ➪ Er windet sich hinein: jedes Hineingelangen
- ➪ Das Kellerfenster (im Kontrast zur Tür daneben): zum ordnungsgemäßen Eintritt nicht bestimmte Öffnung
- ➪ Recht kleines Fenster: aus der Eigenart des Gebäudes
- ➪ Schweiß auf der Stirn: nicht unerheblich erschwert

Anmerkung und Rat zur besseren und übersichtlicheren Vorstellung: Drei Teile der Definition beruhen auf dem Kellerfenster. Wie vermeidet man nun Überschneidungen dergestalt, dass einem beim geistigen Blick auf das Fenster nur eine Bedeutung einfällt? Dies kann man so bewerkstelligen: Das Hineinwinden (=Hineingelangen) betrachtet man von außerhalb des Hauses. Bei „zum ordnungsgemäßen Eintritt nicht bestimmte Öffnung" beschäftigt man sich mit dem Gegensatz von Tür und Fenster, nicht direkt mit dem Fenster selbst.

Man sieht einige Male vom einem zum anderen und wieder zurück. Die Enge des Kellerfenster (= „aus der Eigenart des Gebäudes") grenzt man zum Vorherigen dadurch ab, dass man das Geschehen nun aus dem Keller selbst heraus verfolgt. Der andere Blickwinkel ermöglicht es aufgrund des gänzlich anderen Gesamtbildes der Umgebung, in die das Kellerfenster nun eingebettet ist, jegliche Überschneidung zu vermeiden (Zudem wird die Geschichte dadurch visuell abwechslungsreicher.). Die Technik der Änderung des Blickwinkels kann auch in anderen Geschichten eingesetzt werden, wenn der Leser das Gefühl hat, einige Bilder seien zu nahe beieinander und bedürften darum der visuellen Abgrenzung.

4.5 Schlüssel

Def. ⇨ Schlüssel sind neben der **üblichen Vorstellung** auch mechanische oder elektronische **Kunststoffkartenschlüssel**, wie sie etwa im Hotelgewerbe üblich sind.

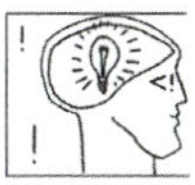

An der Rezeption in den Achtzigern

Es hängen natürlich die bekannten Zimmerschlüssel, bestehend aus einem Eisenschlüssel und einer Holzkarte mit der Zimmernummer, hinten an der Wand. Der Portier gibt dem reichen Paar, das mit großen Koffern in die neue Suite ziehen will, aber den letzten Schrei: Eine Plastikmagnetkarte als Türöffner. Die beiden beäugen die Karte skeptisch und lassen dann ihre Sachen nach oben tragen.

Erläuterung:

- ⇨ Die bekannten Schlüssel: übliche Vorstellung
- ⇨ Kunststoffkartenschlüssel: spielen sich selbst

4.6 Falscher Schlüssel

Def. ⇨ Falsch ist sowohl ein **nachgemachter** Schlüssel als auch derjenige, dem der Berechtigte die frühere Bestimmung zur ordnungsgemäßen Öffnung **wieder entzogen** hat.

Der Lagerhalter vor der Lagerhalle

Ihm ist gekündigt worden, nun will er sich noch einmal richtig bedienen: Aus seiner linken Jackentasche zieht er den von ihm angefertigten Kopieschlüssel, um das Tor zu öffnen. Er passt aber nicht. Leise fluchend steht er da, bis ihm einfällt, dass der Eigentümer, an leichter Alzheimer leidend, den letzten Originalschlüssel nicht wieder eingefordert hat. Er sucht schnell, findet ihn an seinem Schlüsselbund, und sperrt auf. Belustigt stellt er sich vor, wie der Eigentümer toben würde, wenn er dies sähe.

Erläuterung:

- ⇨ Kopieschlüssel: nachgemachter Schlüssel
- ⇨ Früheres Einfordern der Schlüssel: Bestimmung zur ordnungsgemäßen Öffnung wieder entzogen

Anmerkung: Für den zweiten Teil der Definition kann man sich auch des tobenden Eigentümers bedienen, wobei dieser an sich nur dazu eingefügt wurde, um das Geschehen anzureichern.

4.7 Eindringen

Def. ⇨ Ein Eindringen erfordert ein **Betreten** des geschützten Bereichs, wobei genug ist, dass der Täter bildlich gesprochen den Fuß in der Tür und damit einen **Stützpunkt** im befriedeten Raum hat.

Der Täter hat (bildlich und wirklich gesprochen) den Fuß in der Tür

Der Dieb steht schon mit einem Fuß in der halboffenen Tür. Er will sehen, ob innen alles ungefährlich ist und, auf seinen vorderen Fuß gestützt, blickt er langsam in den Vorraum des alten Hauses.

Erläuterung:

- ⇨ Fuß in der Tür: Betreten
- ⇨ Aufstützen auf dem Fuß: Stützpunkt

4.8 Behältnis

Def. ⇨ Behältnis ist ein zur **Aufnahme von Sachen** dienendes und sie **umschließendes** Raumgebilde, das im Gegensatz zum umschlossenen Raum **nicht dazu bestimmt** ist, von Menschen betreten zu werden.

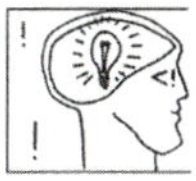

Schatztruhe

Man stelle sich Schätze vor, die in der Truhe aufbewahrt werden. Die Schatztruhe schließt mit ihrem Deckel langsam zu. Zuletzt denkt man an einen fliehenden Pirat, der sich verzweifelt in der Truhe verstecken will, dies aber nicht kann: Er merkt sie ist zu klein, um von Menschen betreten zu werden.

Erläuterung:

- ⇨ Schätze in der Truhe: Aufnahme von Sachen
- ⇨ Sich schließender Deckel: umschließendes Raumgebilde
- ⇨ Zu kleine Truhe: nicht dazu bestimmt

Problem:

„Wegnahme des verschlossenen Behältnisses selbst als Fall des § 243 I S. 2 Nr. 2 StGB?“[99]

4.9 Verschlossen

Def. ⇨ Das Behältnis ist verschlossen, wenn sein Inhalt durch ein **Schloss**, eine sonstige **technische Schließvorrichtung** oder auf andere Weise gegen einen **ordnungswidrigen Zugriff von außen** besonders gesichert ist.

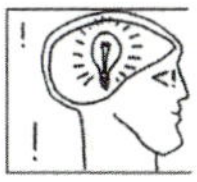

Kleiner Standsafe in der Bank (wie z. B. in Lucky Luke)

Man sieht vorne das Drehzahlenschloss. Der Blick schwenkt plötzlich in den Safe, dort erkennt man eine (zu Lucky Luke's Zeiten wohl noch recht moderne) Zeitschaltuhr, die die Tür selbst dann verschlossen halten würde, wenn man zur falschen Zeit das Drehzahlenschloss richtig bediente. Nun sieht man, dass vor dem so gut gesicherten Safe zwei Banditen mit Halstüchern sitzen, sie sind recht verzweifelt.

[99] Joecks, § 243 Rn. 24; Diehn, Strafrecht 2, Streitstand 48.

Erläuterung:

- ⇨ Drehzahlenschloss: Schloss
- ⇨ Zeitschaltuhr: sonstige technische Vorrichtung
- ⇨ Verzweifelte, draußen sitzende Banditen: gegen ordnungswidrigen Zugriff von außen besonders gesichert

4.10 Andere Schutzvorrichtungen

Def. ⇨ Dies sind alle sonstigen Vorkehrungen und technischen Mittel, die dazu **bestimmt** und **geeignet** sind, Sachen **gegen Entwendung** zu schützen, den **ungehinderten Zugriff** auf sie **auszuschließen** und ihre **Wegnahme wenigstens zu erschweren**.

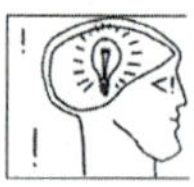

Stacheldrahtzaun um eine wertvolle Vase (im Museum nicht unbedingt realistisch, vielleicht aber in einem Zeichentrickfilm)

Man sieht sich den Stacheldraht genau an: Er kann nur den Zweck haben, Leute abzuhalten, und tut das gewiss auch recht gut. Ein Dieb (schwarze Maske über seinen Augen) will die Vase entwenden, erkennt aber das Hindernis und überlegt erst einmal. Er versucht, mit der Hand durch den Draht zu greifen, dies gelingt ihm aber nicht. Der Dieb packt nun seinen Eisenschneider aus, und tut sich nicht leicht beim Durchtrennen des Drahtes. Er schnauft und schwitzt. Dass er letztlich dann auch noch erwischt wird, weil die Videokamera einen stillen Alarm ausgelöst hat (ein weiteres gutes Beispiel für unsere Definition), interessiert hier nicht mehr weiter, freut aber gewiss den Eigentümer.

Erläuterung:

- ⇨ Der Stacheldraht: gegen Entwendung zu schützen
- ⇨ Zögern des Diebes: bestimmt und geeignet
- ⇨ Greifen: ungehinderter Zugriff
- ⇨ Erfolglosigkeit des Greifens: ungehinderten Zugriff auszuschließen
- ⇨ Schweres Durchtrennen mit dem Eisenschneider: Wegnahme zumindest zu erschweren

Problem:

„Elektromagnetische Sicherungsetiketten als Fall von § 243 I S. 2 Nr. 2 StGB?“[100]

4.11 Gewerbsmäßig

Def. ⇨ Derjenige handelt gewerbsmäßig, der sich aus der **wiederholten Tatbegehung** eine **fortlaufende Einnahmequelle** von **einigem Umfang** und einer **gewissen Dauer** verschaffen will.

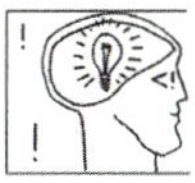

Der Taschendieb vor dem Theater

Er stiehlt jedes Mal, wenn die Leute ganz berauscht aus der Vorstellung kommenstets am selben Platz, rechts vom Ausgang, steht er.

Die Leute, mit ihren überquellenden Geldbörsen, laufen an ihm vorbei. Er kommt nach Hause und breitet die heute Beute auf dem Tisch auf einem großen Haufen aus. Er blickt auf den Kalender an der Wand und markiert den Sonntag der nächsten Woche, den Tag der kommenden Vorstellung. Von bis dahin kann er von der Beute gut leben.

Erläuterung:

- ⇨ Er steht immer am selben Platz: wiederholte Tatbegehung
- ⇨ Leute laufen an ihm vorbei: fortlaufend
- ⇨ Überquellende Geldbörsen: Einnahmequelle
- ⇨ Großer Haufen: von einigem Umfang
- ⇨ Zeit im Kalender bis zur nächsten Vorstellung: gewisse Dauer

Anmerkung: Schon die erste Tat mit gewerbsmäßiger Absicht kann genügen.

4.12 Maßstab für die Geringwertigkeit

Def. ⇨ Dies ist grundsätzlich der objektiv zu beurteilende **Verkehrswert** der Sache.

---

100 Joecks, § 243 Rn. 23; Diehn, Strafrecht 2, Streitstand 48, Hinweis 3.

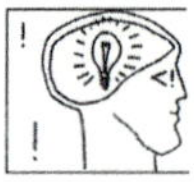

Marktplatz

Hier bestimmt der Handelsverkehr den Wert den Waren.

Erläuterung:

⇨ Wertbestimmung im Handelsverkehr: Verkehrswert

4.13 Gering

Def. ⇨ Der Wert einer Sache ist gering, wenn er nach der allgemeinen **Verkehrsauffassung** für den Gewinn wie für den Verlust **als unerheblich** anzusehen ist.

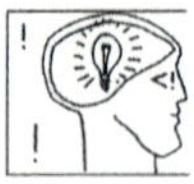

Laden eines Uhrenhändlers

Um seinem Käufer den Kauf einer Uhr schmackhaft zu machen, legt er noch einen kleinen Federhalter dazu. Er zuckt mit den Schultern, für ihn ist es „unerheblich“, sein Geselle nickt, denn dies entspricht auch der üblichen „Verkehrsauffassung“.

Erläuterung:

⇨ Schulterzucken: (Verlust ist anzusehen als) unerheblich

⇨ Nicken des Gesellen: nach der Verkehrsauffassung

4.14 Beziehen

Def. ⇨ Die Tat bezieht sich auf eine geringwertige Sache, wenn die gestohlene Sache **objektiv geringwertig** war und der **Vorsatz** des Täters außerdem auf die Wegnahme einer geringwertigen Sache gerichtet war.

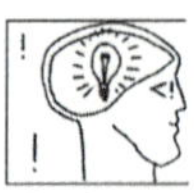

Aus obigem Uhrmachergeschäft stiehlt jemand ebensoeinen Federhalter

Der Federhalter ist recht wertlos (wie wir oben gesehen haben), der Dieb wollte aber auch einen so geringwertigen Gegenstand entwenden. Er wollte den Uhrmacher ja schließlich nicht ruinieren.

Erläuterung:

⇨ Federhalter: objektiv geringwertig

⇨ Wille des Täters: Vorsatz (auch darauf gerichtet)

Anmerkung: Die Definition ist auch leicht zu merken, wenn man sich ihre doppelte Struktur verdeutlicht: Es geht um eine objektive und eine subjektive Seite, beide müssen übereinstimmen.

Problem:

„Beurteilung der verschiedenen Konstellationen von Objekt- und Vorsatzwechseln bei § 243 II StGB?“[101]

5. Diebstahl mit Waffen; Bandendiebstahl (§ 244 StGB)

5.1 Waffe

Def. ⇨ Eine Waffe im technischen Sinn ist jeder Gegenstand, der nach der Art seiner **Anfertigung geeignet** und schon hiernach oder nach allgemeiner Verkehrsauffassung dazu **bestimmt** ist, durch seinen üblichen Gebrauch **Menschen** durch seine mechanische oder chemische Wirkung körperlich zu **verletzen**.

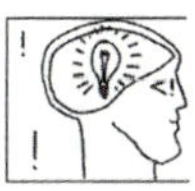

Das Schwert

Es ist gut gearbeitet, was man am blinkenden, blitzenden Stahl sieht. Seine Spitze zeigt auf den Gegner, bei einem Schlag und einem Treffer schlägt es eine tiefe Wunde. Die Klinge allein ist gefährlich, mit einem Gift, wie es unehrenhaft von der Klinge des gegnerischen Schwertes tropft, würde das Schwert noch tödlicher.

Erläuterung:

⇨ Blitzender Stahl: nach der Art seiner Anfertigung geeignet

⇨ Die Spitze zeigt auf den Gegner: dazu bestimmt (Anm.: im Sinne von „final“, „zielgerichtet“)

[101] Joecks, § 243 Rn. 47 (und 41); Diehn, Strafrecht 2, Streitstand 49 und Hinweis 1, 2.

⇨ Tiefe Wunde: Menschen zu verletzen

⇨ Schlag: mechanische Wirkung

⇨ Gift auf der Klinge: chemische Wirkung

Problem:

„Ist ein Schreckschussrevolver als Waffe i.S.d. § 244 I Nr. 1a StGB anzusehen?“[102]

5.2 Beisichführen einer Waffe

Def. ⇨ Hierfür genügt, dass der Täter oder ein anderer Beteiligter die Waffe zu **irgendeinem Zeitpunkt** des Tathergangs zwischen **Versuchsbeginn und Vollendung** des Diebstahls im **Bewusstsein ihrer Einsatzfähigkeit** und jederzeitigen **Verwendungsmöglichkeit** bei sich führt.

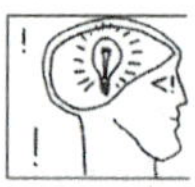

Die Räuber im Laden

Die Räuber betreten den Laden, über ihnen ist die Uhr. Einer streckt schon gierig die Hand nach einer wertvollen Kette aus. Plötzlich schlägt es zwölf Uhr, die Vormittagsschicht ist zu Ende und der Angestellte, der die gierige Hand des einen Räubers nicht bemerkt hat, legt sein Kassenbuch zur Seite und packt freudig sein Brot aus, weil die Mittagspause beginnt. Die Räuber, leicht verunsichert, vergewissern sich durch einen Griff in ihr Revers noch einmal, dass sie auch ihre Pistolen dabeihaben und prüfen tastend, ob sie auch geladen sind. Der Abzug ist von der häufigen Benutzung schon recht abgewetzt. Unerwarteterweise überlegen sich es die Räuber aber anders (sie gehen davon aus, dass noch weitere Personen in der Pause kommen könnten und der Überfall deshalb riskanter werden könnte), grüßen den Angestellten freundlich, setzen sich wie alte Bekannte zu ihm und essen mit ihm gelassen und friedlich zu Mittag.

Erläuterung:

⇨ Uhr: zu irgendeinem Zeitpunkt

⇨ Zur-Seite-Legen des Kassenbuchs (= Ende der Schicht): Vollendung

⇨ Auspacken des Brotes (= Beginn der Mittagspause): Versuchsbeginn

[102] Diehn, Strafrecht 2, Streitstand 50.

- ⇨ Sich vergewissernder Griff ins Revers: Bewusstsein
- ⇨ Tasten, ob die Waffe geladen ist: (Bewusstsein der) Einsatzfähigkeit
- ⇨ Abgewetzter Abzug: Verwendungsmöglichkeit

Anmerkung: Der Ablauf der Geschichte ist ein wenig ungewöhnlich, aber durch das versöhnliche Ende auch wieder einprägsam. Es wurde bewusst geschildert, dass schon eine Hand nach der Kette ausgestreckt war: Dies verdeutlicht, dass die Qualifikation bereits ab Versuchsbeginn greift, der nachträgliche Stimmungsumschwung also nicht mehr zur bloßen Anwendung von §§ 242, 22, 23 StGB führt. Die Motivation für den Stimmungswechsel wurde geschildert, um die Verdeutlichung nicht durch einen Rücktritt wieder ein wenig sinnentleert werden zu lassen. Die dargestellten Abwägungen entspringen nämlich hier nur der Verbrechervernunft, sind deshalb heteronom und der Rücktritt also unfreiwillig.

5.3 Anderes gefährliches Werkzeug

Def. ⇨ Gefährlich sind mitgeführte Gegenstände i.S.d. § 244 I Nr. 1a StGB nur, wenn zu ihrer allgemeinen **Eignung**, **erhebliche Körperverletzungen** zu bewirken, hinzutritt, dass diese Wirkung bei Umsetzung des **inneren Verwendungsvorbehalts** auch eintritt, **zudem** auch Werkzeuge, denen die generelle Verletzungseignung fehlt, die aber in einer **konkret** verletzungsgeeigneten Weise verwendet werden sollen.

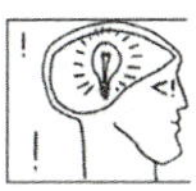

Das Billardqueue

Es ist aus Eichenholz mit der typischen Maserung. Ein Spieler hebt es hoch und betrachtet genau den Barkeeper, der ihn vorhin beleidigt hat. Er will das Queue als Schlagmittel benutzen und stellt sich den Einsatz des Queues genau vor. Er nimmt zuerst einen weichen Pommes und wirft ihn dem Barkeeper genau ins geöffnete Auge, dann schlägt er mit dem Queue zu.

Erläuterung:

- ⇨ Eichenholz: Eignung
- ⇨ Er hebt es hoch: erhebliche Körperverletzungen
- ⇨ Die Vorstellung des Einsatzes: innerer Verwendungsvorbehalt
- ⇨ Pommes: generelle Verletzungseignung fehlt

⇨ Wurf genau ins Auge: konkret verletzungsgeeignete Weise

Anmerkung: Hier sieht man, dass bei einem generell verletzungsungeeigneten Werkzeug die Empfindlichkeit der konkret angegriffenen Stelle umso höher sein muss, je prinzipiell ungefährlicher das Werkzeug ist. Eine ähnliche Struktur kennt man beim polizeirechtlichen Gefahrbegriffs, wo auch eine höhere Wertigkeit des potentiellen gefährdeten Rechtsguts eine an sich zu niedrige Wahrscheinlichkeit des Schadenseintritts ausgleichen und zur Bejahung einer „Gefahr" führen kann. Beispiel: Bombendrohung am Flughafen.

Problem:

„Begriff des gefährlichen Werkzeugs bei § 244 I Nr. 1a StGB?"[103]

5.4 Beisichführen eines anderen gefährlichen Werkzeugs

***Def.* ⇨** Der Täter führt ein solches bei sich, wenn er es **bewusst gebrauchsbereit** bei sich trägt.

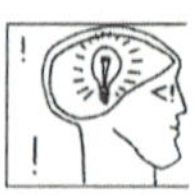

Gedanken an den Schraubenschlüssel

Der Einbrecher weiß, dass er den Schraubenschlüssel dabei hat und denkt auch gerade daran, ihn im Notfall zu verwenden.

Erläuterung:

⇨ Er weiß es: bewusst

⇨ Denkt an den Einsatz: gebrauchsbereit

5.5 Werkzeug oder Mittel i.S.d. § 244 I Nr. 1b StGB

***Def.* ⇨** Dies sind alle Gegenstände, die sich zwar zur Anwendung von **Gewalt** oder zur **Drohung mit Gewalt eignen**, die aber schon nach ihrer **objektiven Beschaffenheit** oder nach der Art ihrer geplanten **Verwendung** keine **erheblichen Körperverletzungen** hervorrufen und in diesem Sinne als **ungefährlich** bezeichnet werden können.

---

103 Hillenkamp BT, Problem Nr. 25; Joecks, § 244 Rn. 10; Diehn, Strafrecht 2, Streitstand 51.

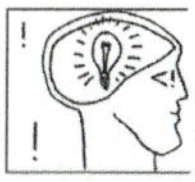

Das Gummihuhn in der Jackentasche und das harmlose Brecheisen

Der Dieb trägt ein Gummihuhn bei sich und will es auch im Notfall verwenden. Mit diesem hat er bei einem früheren Diebstahl in einem Autoladen einen Schlag ausgeteilt, der nur zu blauen Flecken führte. Ein anderes Mal hat er damit ausgeholt und sich so einen Verfolger vom Hals gehalten. Mit dem Huhn, weich wie es ist mit seinem großen Kopf mit dem Hahnenkamm, kann er aber niemanden wirklich verletzen. Mit dem Brecheisen in seinem Rucksack dagegen schon, dieses will er aber nur dazu verwenden, den Kassierer vor sich herzuschieben, ohne mit dem Eisen zuzuschlagen. Er lächelt ruhig, es kann an sich nichts passieren.

Erläuterung:

⇨ Der Schlag und die blauen Flecken: Gewalt

⇨ Bloßes Ausholen: Drohung mit Gewalt

⇨ Weiches Huhn, Kopf mit dem Hahnenkamm: objektive Beschaffenheit

⇨ Niemand wirklich verletzen: (nach der obj. Beschaffenheit) keine erheblichen K. hervorrufen

⇨ Vorsichherschieben mit dem Eisen: nach der Art der Verwendung (keine erheblichen K. hervorrufen)

⇨ Ruhiges Lächeln: ungefährlich

Anmerkung: Das Gummihuhn fiel hier unter Nr. 1 b, weil es noch zur Anwendung von Gewalt geeignet ist (S.: „blaue Flecken“). Wichtig ist aber, dass nicht jeder Gegenstand unter Nr. 1 b fällt: Wenn sich eine Sache weder zu Gewalt eignet noch wegen ihrer offensichtlichen Harmlosigkeit zur Drohung mit Gewalt oder zur drohenden Täuschung über ihre Gefährlichkeit (sie also auch keine „Scheinwaffe“ sein kann), dann ist Nr. 1 b nicht gegeben.[104]

5.6 Bande

Def. ⇨ Eine Bande ist die auf einer ausdrücklichen **oder** stillschweigenden **Vereinbarung** beruhende Verbindung von mindestens drei **Personen**, die sich zur **fortgesetzten Begehung** mehrerer **selbständiger**, im Einzelnen **noch ungewisser Taten** i.S.d. §§ 242, 249 StGB zusammengeschlossen haben.

[104] Rechtsprechung begründet durch BGHSt 38, 116 („Plastikrohr“) und BGH NStZ 1997, 184 („Labello“). Zuletzt wieder bestätigt durch BGH NStZ 2007, 332.

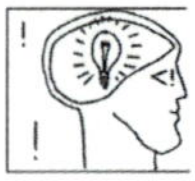

Die Panzerknacker

Sie stehen in ihrem Hauptquartier, legen die Hände aufeinander und schwören laut einen großen Raubzug durchzuführen. Sie sind drei. Sie haben einen Plan der Banken in den verschiedenen Vierteln der Stadt ausgerollt, die mit Notizen und Daten versehen sind. Diese wollen sie alle ausrauben. Ein großes Fragezeichen unten rechts steht für noch nicht genau geplante Raubzüge, die sie aber auf jeden Fall zusammen durchführen wollen.

Erläuterung:

- ⇨ Hände aufeinander: stillschweigende Vereinbarung
- ⇨ Lauter Schwur: ausdrückliche Vereinbarung
- ⇨ Drei: drei Personen
- ⇨ Plan mit vielen Notizen: fortgesetzte Begehung
- ⇨ Die Banken in den verschiedenen Stadtvierteln: selbständige Taten
- ⇨ Fragezeichen: noch ungewisse Taten

Anmerkung: Das Teilmerkmal „noch ungewisse Taten" ist als Mindestanforderung zu verstehen, es können auch bereits feststehende Taten sein.

Problem:

„Liegt erst ab drei Personen eine „Bande" vor?"[105]

5.7 Mitwirkung

Def. ⇨ Es müssen **mindestens zwei Bandenmitglieder** vor **Ort** tatsächlich **mitwirken**, es ist aber **kein mittäterschaftliches** Zusammenwirken erforderlich.

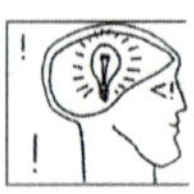

Die Panzerknacker: Der Raubzug läuft

Ein Panzerknacker lädt aus dem Fenster die Geldsäcke in das davor wartende Cabrio, der andere steht an der Ecke Schmiere.

[105] Joecks, § 244 Rn. 21; Diehn, Strafrecht 2, Streitstand 52.

Erläuterung:

- ⇨ Die beiden: mindestens zwei am Tatort
- ⇨ Ausladen und Schmierestehen: mitwirken
- ⇨ Das Schmierestehen als typische Beihilfehandlung: kein mittäterschaftliches Zusammenwirken nötig

Problem:

„Ist für eine „Mitwirkung" Mittäterschaft erforderlich?"[106]

6. Unterschlagung (§ 246 StGB)

6.1 Zueignung

Def. ⇨ Genug ist eine **objektiv erkennbare** Betätigung des Zueignungswillens, die sich für den **objektiven**, mit der Sachlage **vertrauten Beobachter** als eine verlässliche und **unzweideutige Manifestation** des Zueignungswillens darstellt.

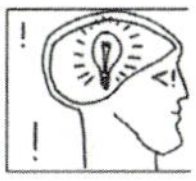

Der gefundene Geldbeutel

Ein Passant sieht, wie ein anderer einen Geldbeutel findet und einsteckt. Der Beobachtende sieht das mit kühlem Blick (er ist eigentlich Polizist außer Dienst und somit mit solchen Dingen vertraut), er erkennt das braunlederne Portemonnaie und sieht am gierigen Blick des Unterschlagenden eindeutig, dass dieser es für sich behalten will.

Erläuterung:

- ⇨ Einstecken des Geldbeutels: objektiv erkennbar Betätigung des Zueignungswillens
- ⇨ Der beobachtende Passant (der Polizist): objektiver, mit der Sachlage vertrauter Beobachter
- ⇨ Gieriger Blick: unzweideutige Manifestation

106 Joecks, § 244 Rn.24; Diehn, Strafrecht 2, Streitstand 53.

Anmerkung: Am Beispiel sieht man auch einen typischen Fall der Abgrenzung von Diebstahl und Unterschlagung anhand des Gewahrsamsbegriffs. Wenn der Eigentümer noch Gewahrsam hätte, dann läge ein Fall des § 242 StGB vor. In den „Portemonnaie"-Fällen wird aber eine Wegnahme meist mangels Kenntnis des Eigentümers vom Lageort und somit mangels Gewahrsams verneint und deshalb § 246 StGB bejaht. Das Einstecken ist dann nicht Wegnahme in Zueignungsabsicht, sondern die Zueignung selbst.

Problem:

„Möglichkeit einer tatbestandlichen Zweitzueignung?"[107]

6.2 Manifestation des Zueignungswillens

Def. ⇨ Der Wille muss umgesetzt und **betätigt** werden und die **Position des Eigentümers** muss sich hierdurch **verschlechtern**.

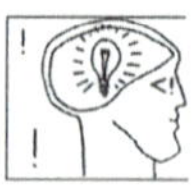

Der gefundene Geldbeutel: Fortsetzung

Der Mann geht mit dem eingesteckten Portemonnaie von dannen, kurze Zeit später kommt der Eigentümer und kann es natürlich nicht mehr finden. Die Spur ist „kalt".

Erläuterung:

⇨ Er geht: Betätigung des Willens

⇨ Der ergebnislos suchende Eigentümer: hierdurch Verschlechterung der Position des Eigentümers

6.3 Anvertraut

Def. ⇨ Diejenigen Sachen sind anvertraut, die der Täter vom Eigentümer oder von einem Dritten mit der **Verpflichtung** erlangt hat, sie zu einem bestimmten **Zweck** zu **verwenden**, **aufzubewahren** oder auch nur **zurückzugeben**.

---

107 Hillenkamp BT, Problem Nr. 24; Joecks, § 246 Rn. 29; Diehn, Strafrecht 2, Streitstand 55.

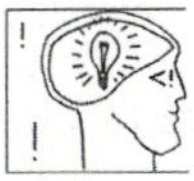

Der Fondsmanager

Der Fondsmanager soll laut Anweisung auf dem Monitor das investierte Geld zur Vermehrung verwenden, er blättert in Kapitalzeitschriften. Zudem soll er einen Geldsack, der neben seinem Schreibtisch steht, nur aufbewahren. Einige Aktien in seiner Schublade gibt er dem Auftraggeber bei nächster Gelegenheit zurück.

Erläuterung:

- ⇨ Anweisung auf dem Monitor: Verpflichtung
- ⇨ Kapitalzeitschriften (=Geldvermehrung): zu einem bestimmten Zweck
- ⇨ Geldsack: aufbewahren
- ⇨ Aktien in der Schublade: zurückzugeben

Problem:

„Anvertraut auch bei gesetzeswidrigen Zwecken?“[108]

7. Diebstahl und Unterschlagung geringwertiger Sachen (§ 248a StGB)

7.1 Geringwertig

Def. ⇨ Der Begriff entspricht dem bei § 243 II StGB mit der Abweichung, dass hier allein der **objektive Wert**, der Verkehrswert der Sache zur Zeit der Tat, entscheidet.

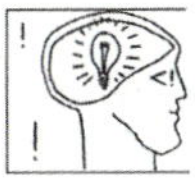

Der alte Trabant

Der Trabant wird auf dem Gebrauchtwagenplatz mit einem fairen Preis ausgewiesen (Jeder mache sich selbst ein Bild von der Höhe des Preises.).

[108] Joecks, § 246 Rn. 28; Diehn, Strafrecht 2, Streitstand 57.

Erläuterung:

⇨ Ausgewiesener (fairer) Preis: objektiver Wert

8. Raub (§ 249 StGB)

8.1 Gewalt gegen eine Person

Def. ⇨ Dies ist der **körperlich wirkende Zwang** durch eine unmittelbare oder mittelbare **Einwirkung** auf einen anderen, die nach der **Vorstellung** des Täters dazu **bestimmt und geeignet** ist, einen tatsächlichen geleisteten oder erwarteten **Widerstand** zu **überwinden** oder **unmöglich** zu machen.

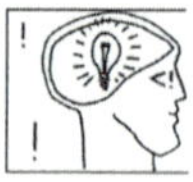

Der Räuber an der Ecke

Ein Räuber wartet an der Ecke auf sein Opfer. Als es näher kommt, drückt er ihm die Pistole in den Rücken und schiebt es so vor sich her.

Der Täter denkt sich währenddessen, dass die Pistole für ihn ja zwei Zwecke erfüllt: Wenn das Opfer sich wehrt, kann er dies unterbinden; meistens führt die Pistole selbst aber schon dazu, dass sich das Opfer aus Abschreckung gar nicht wehren kann. Er lässt sich das Geld geben und geht ruhig fort.

Erläuterung:

⇨ Die Pistole, die in den Rücken drückt: der körperlich wirkende Zwang

⇨ Das Vorsichherschieben: die Einwirkung

⇨ Der Täter stellt sich etwas vor: die in der Vorstellung des Täters nötige Bestimmung und Eignung

⇨ Das Vorgestellte (Die Benutzung der Waffe): das Überwinden des Widerstandes.

⇨ Das Opfer, das mit erhobenen Händen geht und zu keinem Widerstand fähig ist: die Unmöglichmachung des Widerstandes

- ⇨ Die krummen Rücken der Deckschrubber: Erheblich beeinträchtigt im Gebrauch des Körpers
- ⇨ Ihre Salzaugen: Beeinträchtigung des Gebrauchs der Sinne
- ⇨ Der depressiv blickende Hund: Die seelischen Kräfte fehlen
- ⇨ Untauglich als Wachhund: Beeinträchtigte Arbeitsfähigkeit
- ⇨ Das entzündete Bein: Lebensbedrohend (Hoffentlich muss es nicht amputiert werden.)
- ⇨ Hohes Fieber: Ernste Krankheit
- ⇨ Dies über mehrere Wochen: Langwierig

Der Kapitän sieht all diese Folgen des Piratendaseins: Erinnerung an die „*schwere Folge*“ bei § 226 StGB.

Anmerkung: Gerade bei längeren Ereignisketten ist es wichtig, sich an die Methoden zu halten, nämlich dass man sich die codierenden Elemente der Geschichte (Das Bein, der krumme Rücken etc...) möglichst klar vorstellt. Wer sich denkt, er könne sich den Ablauf so nur schwer merken: Nur Mut! Wenn man sich, wie bereits öfter geraten, denkt, man sehe einen echten Film mit den typischen Abläufen, der einem gerade gezeigt wird und den man eben nicht selbst erstellt, fällt oft ein großer Teil des zu bemühten Hinsehens weg und es prägt sich alles viel automatischer und leichter ein.
Bei einer echten Filmszene (Oder bei einer Abfolge von Comicbildern) bedarf es ja auch keiner Anstrengung, um sie sich zu merken. Im „Gefolge der Faszination“ findet sie ganz von selbst Eingang in die Erinnerung. Mit ein bisschen Übung sieht man bald: Es spielt hier keine Rolle, ob man einen Film sieht oder ihn sich vorstellt.

Wiederholung[109]:

Vom einbeinigen Narbengesicht im Ausguck zur krummrückigen, halbblinden Decksmannschaft, hin zum alten Hund vor der Tür und von den Siechenden unter Deck zur letzten Station: Dem düster brütenden Kapitän am Steuerrad.

[109] Die Länge der Geschichte bedingt es, wie schon in der Einführung kurz erwähnt, den Punkt „Wiederholung“ hier noch einmal kurz wiederaufleben zu lassen.

9.5 Verwenden

Def. ⇨ Hierunter fällt, dass die Waffe oder das gefährliche Werkzeug **als Verletzungs- oder Gefährdungsmittel** (eine konkrete Gefahrsituation ist nicht erforderlich) eingesetzt wird, aber auch der Gebrauch als bloßes **Mittel zur Drohung** mit **Gewalt** ist genug.

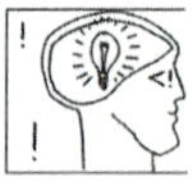

Verschiedene Arten des Bankraubs

Drei Bankräuber betreten die Filiale: Der Erste geht zum Schalter und gibt einem der Bankangestellten einen absichtlichen Streifschuss am Arm (er hat die Philosophie, dass so am besten allgemeiner Gehorsam zu erreichen sei).

Der Zweite begibt sich nach hinten zum Tresor und schießt in die Decke. Sein Credo: Schon eine Gefahrenlage führt zum Erfolg, die Leute sehen man spaßt nicht.

Der Letzte fuchtelt nur wild mit der Waffe herum und holt sich Geld von den Bankkunden.

Aber: Alle drei verwenden ihre Waffe.

Erläuterung:

- ⇨ Der Streifschuss: Als Verletzungsmittel.
- ⇨ Der Schuss in die Wand: Gefährdungsmittel.
- ⇨ Das drohende „Herumfuchteln": Mittel zur Drohung mit Gewalt.

9.6 Waffe i.S.d. § 250 II StGB

Def. ⇨ Übliche Definition (Siehe § 224 StGB), zusätzlich: Die Waffe muss **geladen** und **funktionsbereit** sein.

Blick auf die Waffe eines Räubers, die noch im Halfter steckt

In der Trommel des Revolvers sind Patronen, die Sicherung unten am Lauf ist gelöst.

Erläuterung:

- ⇨ Patronen: *Geladen*.
- ⇨ Gelöste Sicherung: *Funktionsbereit*.

Anmerkung: Funktionsbereit ist hier natürlich nicht nur im Sinne von „entsichert" gemeint.
Die Waffe muss im Ergebnis auch „schießen können".

9.7 Schwere körperliche Misshandlung

Def. ⇨ Hierfür ist nötig, dass **vorsätzlich herbeigeführte** schwere Gesundheitsschädigungen i.S.d. § 250 I Nr. 1c StGB vorliegen, ausreichend sind **auch kumulativ** eine **nicht unerhebliche Beeinträchtigung** der **Körperintegrität** und **besonders rohe Misshandlungen**.

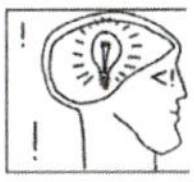

Auf dem Piratenschiff: Fortsetzung

Ein Gefangener humpelt mit gebrochenem Knöchel über die Planke und wird mit einem groben Stoß ins Wasser zu den Haien geschubst.

Erläuterung:

- ⇨ Das Schiff selbst: Schwere Gesundheitsschädigung (Siehe oben).
- ⇨ Der humpelnde Gefangene: Nicht unerhebliche Beeinträchtigung der Körperintegrität.
- ⇨ Der grobe Stoß ins Wasser: Besonders rohe Misshandlungen.

Dass beides kumulativ vorliegen muss, merkt man sich entweder von selbst oder indem man sich bewusst macht, dass sich sowohl das Humpeln als auch der Stoß beide auf der Planke ereignen, dort also *kumulativ*.

10. Raub mit Todesfolge (§ 251 StGB)

10.1 Leichtfertig

Def. ⇨ Leichtfertig meint *grobe Fahrlässigkeit*.

Erläuterung:

Dies sollte aufgrund der Beziehung zum Zivilrecht (beide Begriffe bezeichnen jeweils die letzte Stufe vor dem vorsätzlichen Handeln) gut zu merken sein.

11. Räuberischer Diebstahl (§ 252 StGB)

11.1 (Vor-)tat

Def. ⇨ Vortat kann *neben einem Diebstahl auch ein Raub* sein.

Erläuterung:

Sprachliche Überlegung und Anknüpfung an eine vorherige Geschichte:

⇨ In „räuberischer Diebstahl“ kommt sowohl „Raub“ als auch „Diebstahl“ vor.

⇨ In Geschichtenform kann man denken, dass die Räuber aus unserem Banküberfallsgeschehen auch während der Flucht noch auf ihre Verfolger schießen.

11.2 Auf frischer Tat betroffen

Def. ⇨ Der Täter wird **bei Ausführung** oder **alsbald nach Vollendung** der Wegnahme am **Tatort** oder in dessen **unmittelbarer Nähe** von einem anderen **wahrgenommen**, **bemerkt** oder **schlicht angetroffen**.

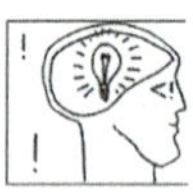

Die Villendiebe im Pech

Zusammen sind sie noch in die Villa geschlichen, es war Mondschein. Der erste Safe ist schon geplündert, einige transportieren die Beute ab. Da ein Alarm! Der Safeknacker wird noch bei seiner Tätigkeit vom Hausdiener gesehen (und festgesetzt). Die „Abtransportierer“ teilen sich auf: Einen hört der Nachbar beim Klettern über den Zaun. Der Zweite wird mit der Beute keine 50 Meter von der Villa entfernt in einem kleinen Wäldchen mit der Beute zufällig erwischt, nachdem er sich dort 15 Minuten lang, auf eine Möglichkeit zur endgültigen Flucht wartend, verborgen hatte.

Anmerkung: Die Definition hat einen räumlichen und einen zeitlichen Aspekt und mehrere „Betreffensalternativen“. Dies alles verteilt sich auf die drei „Protagonisten“.

Erläuterung:

- Der Safeknacker wird bei seiner Tätigkeit in der Villa gesehen: Er wird *bei Ausführung am Tatort wahrgenommen.*
- Der Flüchtende am Zaun wird gehört: Er wird alsbald nach Vollendung[110] in unmittelbarer Nähe des Tatorts bemerkt
- Das „Käuzchen im Walde“ wird in 50 Meter Entfernung nach 15 Minuten zufällig erwischt: Er wurde *alsbald nach der Vollendung in unmittelbarer Nähe zum Tatort lediglich angetroffen*[111]

11.3 Ende der „frischen Tat“

Def. Dieser Zeitraum endet spätestens dann, wenn der Dieb **gesicherte Sachherrschaft** hat und die Tat **als beendet anzusehen** ist.

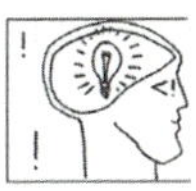

Fortsetzung zur Villenbande: Die stille Nr. 4

Beim obigen Villenraub war, von keinem „betroffen“, noch ein Vierter dabei. Dieser hat es mit einem kleinen Teil des Schatzes bis in die heimische Räuberhöhle geschafft und leckt nun, sicher in der abgeschlossenen Wohnung, seine Wunden. Am nächsten Tag klingelt es an der Tür, die Polizei will ihn sprechen. Er stößt die Beamten beiseite und entkommt mit der Beute.

Erläuterung:

- Die heimische, abgeschlossene Wohnung (und die gefestigte Gewahrsamslage): die gesicherte Sachherrschaft
- Betrachten des kleinen Beuteteils: die Beendigung des Diebstahls.

110 Vollendung ist gegeben, weil ein Gewahrsamswechsel hier durch das Einstecken bereits erfolgt ist. Dass sich der Flüchtende noch auf dem Grundstück befindet, ändert daran nichts: Die Figur der „Gewahrsamsenklave“, üblicherweise nur aus Supermärkten oder Kaufhäusern bekannt, zeigt sich hier in neuem Gewand.

111 Die beiden Flüchtenden stehen beide für die Notwendigkeit des zeitlichen und räumlichen Tatbezugs, verdeutlichen in der Verschiedenheit des Ablaufs aber das Spektrum der möglichen Sachverhaltsgestaltungen.
Die Zufälligkeit der Entdeckung des Letzten, also ihre fehlende Begründung in den Sinnen des Hörens oder Sehens, stellt die Verbindung zur Bedeutung „schlicht angetroffen“ her.

Anmerkung: Hinzuweisen ist darauf, dass nun deswegen gerade kein § 252 StGB, sondern nur § 242 StGB in Tatmehrheit mit § 240 StGB oder § 113 StGB vorliegt. Die gebildete Strafe wird wesentlich niedriger sein. Auch wichtig ist, dass durch die Erkenntnis des Vierten, dass ihn die Polizei aufsucht, die gesicherte Sachherrschaft nicht wieder nachträglich rückwirkend entfällt. Sie war zumindest für eine gewisse Zeit gegeben, damit fällt § 252 StGB weg.

11.4 Räumlicher Bereich des Betreffens

Def. ⇨ Das Betreffen muss am **Tatort** selbst oder **in unmittelbarer Nähe** erfolgen.

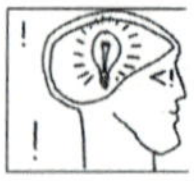

Der Villenbande auf der Spur

Ein Räuber wird im Schatten der Hauswand überrascht, der andere, wie oben geschildert, in einem Busch in der Nähe.

Erläuterung:

⇨ Schatten der Hauswand: Tatort

⇨ Busch in der Nähe: in unmittelbarer Nähe

11.5 Betreffen

Def. ⇨ Ein echtes Wahrnehmen ist nicht erforderlich, es genügt ein bloßes **raum-zeitliches Zusammentreffen**.

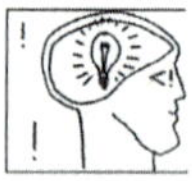

Die Villenbande: Noch nicht!

Der Dieb an der Hauswand sieht, wie ein Wächter vorbeigeht, und schlägt diesen nieder. Der Wächter hatte ihn gar nicht bemerkt.

Erläuterung:

⇨ Der nahe Wächter: raum-zeitliches Zusammentreffen

Problem:

„Definition des „Betreffens“?“[112]

11.6 Besitzerhaltungsabsicht

Def. ⇨ Dies ist der Wille, eine **Entziehung** des erlangten **Gewahrsams** zugunsten des **Bestohlenen** zu **verhindern**.

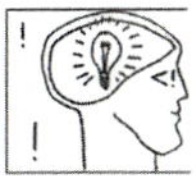

Die Villenbande: Vor dem Schlag

Kurz vor dem Schlag sah der Dieb an der Wand nach oben zum erleuchteten Fenster. Er stellte sich vor, wie der Wächter ihm die Beute entreißen und oben dem Bestohlenen wiedergeben würde. Dies wollte er verhindern.

Erläuterung:

- ⇨ Entreißen der Beute durch den Wächter: Entziehung des Gewahrsams zugunsten des Bestohlenen
- ⇨ Verhinderungswille: zu verhindern

11.7 Zeitpunkt der Entziehung

Def. ⇨ Diese muss bereits **gegenwärtig** sein oder **unmittelbar bevorstehen**.

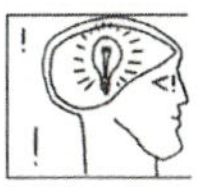

Die Villenbande: Der Dieb im Busch

Der Dieb im Busch sieht auf die Uhr. Da merkt er, dass unmittelbar vor ihm ein anderer Wächter steht, der sich gerade umdreht und ihn gleich entdecken wird.

Erläuterung:

- ⇨ Blick auf die Uhr: gegenwärtig
- ⇨ Der Wächter unmittelbar vor ihm: unmittelbar bevorsteht

---

112 Hillenkamp BT, Problem Nr. 26; Joecks, § 252 Rn. 5; Diehn, Strafrecht 2, Streitstand 62.

12. Räuberischer Angriff auf Kraftfahrer (§ 316a StGB)

12.1 Angriff auf Leib, Leben und Entschlussfreiheit

Def. ⇨ Dies bedeutet ein **Einwirken** in **feindseliger Absicht** auf die genannten Rechtsgüter.

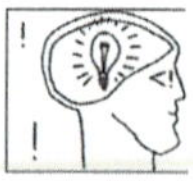

Der Taxiräuber

Er hält die Pistole auf den Taxifahrer gerichtet: Er wirkt auf seine Entschlussfreiheit ein, eine Verletzung oder Tötung durch eine Kugel aus dem Lauf ist nicht fern.

Erläuterung:

⇨ Richten der Pistole auf den Taxifahrer: Einwirken

⇨ Möglichkeit der Verletzung: in feindseliger Absicht

12.2 Führer eines Kraftfahrzeugs

Def. ⇨ Dies ist derjenige, der das Fahrzeug in **Bewegung** zu setzen **beginnt**, es in Bewegung **hält** oder allgemein mit dem **Betrieb** des Fahrzeugs und/oder der Bewältigung von Verkehrsvorgängen **beschäftigt** ist.

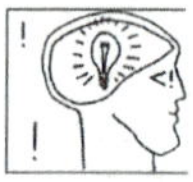

Beginn der Taxifahrt

Der Taxifahrer steigt ein, dreht den Zündschlüssel um, bleibt auf dem Gas und ist mit der Lenkung des Wagens beschäftigt.

Erläuterung:

⇨ Zündschlüssel: in Bewegung zu setzen beginnt

⇨ Er bleibt auf dem Gas: es in Bewegung hält

⇨ Mit der Lenkung beschäftigt: mit dem Betrieb oder der Bewältigung von Verkehrsvorgängen beschäftigt

Anmerkung: Hier sieht man, dass sich eine Geschichte nicht immer von der Definition entfernen muss, sondern ihr in einem passenden Fall sogar folgen kann.

12.3 Mitfahrer

Def. ⇨ Der Begriff des Mitfahrers ist an den des Führens **gekoppelt**, wer sich also außerhalb des Fahrzeugs aufhält oder nach beendeter Fahrt in einem Fahrzeug sitzt, ist kein Mitfahrer.

Fahrer und Mitfahrer

Fahrer und Mitfahrer sitzen beide vorne.

Erläuterung:

⇨ Beide vorne: (ein Begriff an den anderen) gekoppelt

12.4 Ausnutzung der besonderen Verhältnisse des Straßenverkehrs

Def. ⇨ Der Täter stellt die **typischen Situationen** und Gefahrenlagen des Kraftfahrzeugverkehrs **in den Dienst** seines Vorhabens, die Tat steht also in **enger Beziehung** zur Benutzung des Fahrzeugs **als Verkehrsmittel**.

Raub an der roten Ampel

An der roten Ampel nutzt der Täter den nach vorne gerichteten Blick des Fahrers aus, um seine Pistole zu ziehen. Der Motor läuft zwar, das Fahrzeug steht aber.

Erläuterung:

⇨ Rote Ampel: Typische Situation

⇨ Nach vorne gerichteter Blick: in den Dienst seines Vorhabens

⇨ Der Motor läuft: in enger Beziehung zur Benutzung als Verkehrsmittel

Problem:

„Möglichkeit des Ausnutzens auch noch nach Aussteigen aus dem Wagen?“[113]

13. Jagdwilderei (§ 292 StGB)

13.1 Nachstellen

Def. ⇨ Dies stellt ein **unechtes Unternehmensdelikt** dar, es genügt also schon das **bloße Nachstellen**, jede Handlung, die unmittelbar - wenn auch erfolglos - auf das **Fangen**, **Erlegen** oder **Zueignen** des lebenden Wildes gerichtet ist.

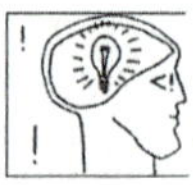

Der Wilderer im Wald

Der Wilderer betritt, am Anfang seiner Jagdunternehmung, den Wald an einer nicht leicht einsehbaren Stelle. Er legt auf den Hirsch an. In einiger Entfernung hat er noch eine Bärenfalle ausgelegt. Er fängt weiter im Wald auch einen Hasen und nimmt ihn zur Zucht mit.

Erläuterung:

- ⇨ Betreten des Waldes (am Anfang der Unternehmung): unechtes Unternehmensdelikt
- ⇨ Bärenfalle: Fangen
- ⇨ Ausgelegt: Erlegen
- ⇨ Gefangener Hase: Zueignung

[113] Diehn, Strafrecht 2, Streitstand 64.

14. Pfandkehr (§ 289 StGB)

14.1 Wegnahme

Def. ⇨ Erforderlich ist kein Gewahrsamsbruch, sondern nur die das Recht des Geschützten **faktisch vereitelnde** oder **erheblich erschwerende** räumliche **Entfernung** der Sache aus dem tatsächlichen Macht- und Zugriffs**bereich** des Rechtsinhabers, wie er insbesondere beim **Vermieterpfandrecht** besteht.

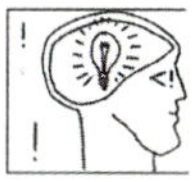

Ein Wagen fährt aus dem Parkhaus ohne zu bezahlen

Der Parkhausinhaber hat ein Vermieterpfandrecht an dem Wagen, was durch einen großen Aufkleber auf jedem einfahrenden Auto deutlich gemacht wird. Weil die Schranke ausgefallen ist, kann der Wagen aus dem Parkhaus fahren und sich entfernen. Die Kameras des Parkhauses nehmen ihn nicht mehr auf, er ist aus ihrem Radius herausgefahren und um die nächste Kurve. Der Parkhausinhaber läuft noch hinterher, kann ihn aber nicht mehr einholen. Ein anderes Auto erreichte er gestern, aber nur nach langer Verfolgungsjagd.

Erläuterung:

- ⇨ Herausfahren des Wagens: Entfernung
- ⇨ Er kann ihn nicht mehr einholen: faktisch vereitelnde (Entfernung)
- ⇨ Nach langer Verfolgungsjagd: erheblich erschwerende räumliche (Entfernung)
- ⇨ Tatsächlicher Macht- und Zugriffsbereich: Parkhaus
- ⇨ Aufkleber auf dem Wagen: Vermieterpfandrecht

Anmerkung: Dies ist eine typische, aber selten erkannte Konstellation der Pfandkehr. Es besteht, wie auch bei anderen Mietverhältnissen, ein Vermieterpfandrecht am geparkten Wagen. „Parkhaus"-Fälle können auch im Zusammenhang mit § 268 StGB (dann in Konstellationen, die den Parkschein beinhalten) relevant werden.

Problem:

„Ist der Begriff der Wegnahme bei § 289 StGB deckungsgleich zu dem bei § 242 StGB?"[114]

[114] Otto in: JURA 1992, 666 ff.

15. Betrug (§ 263 StGB)

15.1 Täuschung

Def. ⇨ Dies meint die **Einwirkung** auf die **Vorstellung** eines anderen.

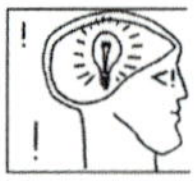

Der Hütchenspieler

Durch seine geschickte Handbewegung lässt er den Spieler denken, die Murmel sei unter einem anderen Hütchen.

Erläuterung:

⇨ Die Gedanken der Spieler: Einwirkung auf die Vorstellung eines Anderen

15.2 Tatsachen

Def. ⇨ Tatsachen sind **konkrete Vorgänge** oder **Zustände** der **Vergangenheit oder Gegenwart**, die dem **Beweise zugänglich** sind.

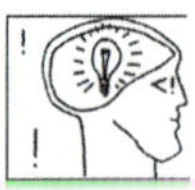

Zeitungsnachrichten

In der Zeitung werden im Nachrichtenteil konkrete Fakten geschildert, die entweder gerade aktuell sind oder als Teil der Vergangenheit interessieren. Derartige Fakten sind auch nachprüfbar.

Erläuterung:

⇨ Konkrete Fakten (Bilder, dicke Schlagzeilen, ...): konkrete Vorgänge oder Zustände

⇨ Gerade aktuell oder Teil der Vergangenheit (Zeitungsdatum): Vergangenheit oder Gegenwart

⇨ Nachprüfbarkeit der Fakten: Dem Beweise zugänglich

15.3 Vorspiegeln einer falschen Tatsache

Def. ⇨ Dies bedeutet, einen in Wirklichkeit **nicht vorliegenden** Umstand tatsächlicher Art einem anderen gegenüber **als vorhanden** oder gegeben hinzustellen.

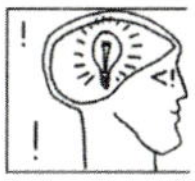

Der prahlerische Makler

Der Makler zeigt stolz auf das Haus und gibt an, es handele sich bei dem Grundstück um Bauland. Auf dem Bebauungsplan, den der Makler kennt, ist aber nur der Außenbereich ausgewiesen.

Erläuterung:

- ⇨ Der stolze Wink in Richtung Haus: als vorhanden darstellen
- ⇨ Der anderslautende Bebauungsplan: nicht vorliegender Umstand

15.4 Falsch

Def. ⇨ Eine Tatsachenbehauptung ist falsch, wenn ihr Inhalt mit der **objektiven Sachlage nicht übereinstimmt**.

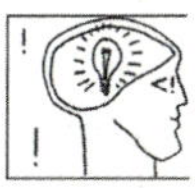

Die Rolex aus China

Der Strandverkäufer erklärt die Rolex zum Original, sie hat aber ein Herstellungszeichen „China" aufgedruckt.

Erläuterung:

- ⇨ Herstellungszeichen „China": mit der objektiven Sachlage nicht übereinstimmt

15.5 Entstellt

Def. ⇨ Eine wahre Tatsache wird dann entstellt, wenn ihr **Gesamtbild** zwecks **Irreführung verändert** oder ihre Darstellung durch das **Hinzufügen oder Weglassen** wesentlicher Einzelheiten **verfälscht** wird.

Zerstörerische Kunst

Das Bild im Museum wird von einem neidischen Konkurrenten so übermalt, dass es wie sein eigenes aussieht.

Einer Statue fügt der Vandale noch einen Arm hinzu, einer anderen fehlt plötzlich das Pferd, auf dem sie saß.

Erläuterung:

- ⇨ Übermaltes Bild: Gesamtbild verändert
- ⇨ Aussehen wie sein eigenes: zwecks Irreführung
- ⇨ Hinzugefügter Arm: (durch) Hinzufügen (verfälscht)
- ⇨ Fehlendes Pferd: (durch) Weglassen (verfälscht)

15.6 Unterdrücken wahrer Tatsachen

Def. ⇨ Dies kann in jedem Handeln liegen, das den betreffenden Umstand der **Kenntnis anderer** Personen **entzieht.**

Der Strandverkäufer lernt dazu

Er entfernt bei der nächsten Käuferin das „China"-Etikett.

Erläuterung:

- ⇨ Entfernung des Etiketts: der Kenntnis anderer Personen entzieht

Anmerkung: Hier liegt ein Überschneidungsfall von § 274 StGB und § 263 StGB vor.

15.7 Irrtum

Def. ⇨ Irrtum ist jede unrichtige, der **Wirklichkeit nicht** entsprechende **Vorstellung** über Tatsachen.

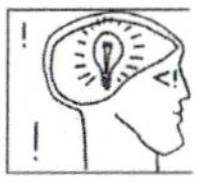

Der Strandverkäufer: Eine falsche Rolex, die Dame?

Die nächste Käuferin sieht die blinkende Rolex und hält sie für echt. Diese Vorstellung ist falsch.

Erläuterung:

⇨ Der Irrtum der Kundin: der Wirklichkeit nicht entsprechende Vorstellung

Anmerkung: Wer gerne noch bildhafter denkt, kann die falsche Vorstellung auch durch eine dunkle (wenn man will: Vom Licht der Wahrheit unerleuchtete) Wolke über dem Kopf der Kundin darstellen. Solche eher comicartigen Veränderungen bleiben dem jeweiligen Anwender überlassen. Wer diese Veränderungen vornehmen will, dem dienen diese Geschichten eben als Grundgerüst für seine oder ihre eigenen Entwürfe.

Problem:

„Wann liegt bei Zweifeln des Getäuschten ein Irrtum vor?“[115]

15.8 Unterhalten eines Irrtums

Def. ⇨ Ein Irrtum wird dadurch unterhalten, dass der Täter eine bereits **vorhandene** Fehlvorstellung **bestärkt** oder deren **Aufklärung verhindert** oder **erschwert.**

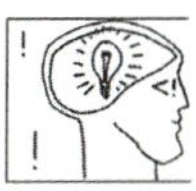

Der Strandverkäufer: Die Kundin wird investigativ

Die Kundin fragt nach der Herkunft der Uhr, der Verkäufer hält eine französische Flagge hoch und sie glaubt ihm. Bei einer anderen Kundin hält er diese davon ab, die Uhr ihrem Mann zu zeigen, der anscheinend etwas von Uhren versteht.

Erläuterung:

⇨ Hochhalten der Flagge: Verstärken der Fehlvorstellung

⇨ Abhalten davon, die Uhr ihrem Mann zu zeigen: Aufklärung verhindert oder erschwert

[115] Hillenkamp BT, Problem Nr. 29; Joecks, § 263 Rn. 49; Diehn, Strafrecht 2, Streitstand 67.

15.9 Vermögensverfügung

Def. ⇨ Der Begriff umfasst jedes tatsächliche **Handeln, Dulden oder Unterlassen** des Getäuschten, das bei diesem selbst oder bei einem Dritten **unmittelbar** zu einer **Vermögensminderung** im wirtschaftlichen Sinn führt.

Umverteilung bei zwei Millionären

Zwei wohlbegüterte, dicke Männer stehen sich gegenüber, jeder hat mehrere Säcke Geld neben sich stehen. Die beiden stehen auf den Armen einer großen Waage. Der erste wirft einen Sack hinüber, lässt den anderen noch einen nehmen und signalisiert dann mit verschränkten Armen, dass er selbst keinen der Geldsäcke zu sich bringen will. Die Waage ist nun im Gleichgewicht.

Erläuterung:

- ⇨ Hinüberwerfen: Handeln
- ⇨ Nehmenlassen: Dulden
- ⇨ Verschränkte Arme: Unterlassen
- ⇨ Die große Waage in der Mitte: unmittelbar zu einer Vermögensminderung

15.10 Vermögen

Def. ⇨ Bestandteile des strafrechtlich geschützten Vermögens sind alle **Güter und Positionen**, denen ein **wirtschaftlicher Wert** beizumessen ist und die mangels ausdrücklicher Missbilligung unter dem **Schutz** der Rechtsordnung stehen.

Das Lager und das Handelsbuch

Der Händler hat ein großes Warenlager und ein Handelsbuch voller ausstehender Forderungen. Alles ist Geld wert, auf den Waren ist ein Preis und neben den Forderungen steht das Eurozeichen. Polizisten bewachen sein Lager und die Waren und das Buch.

Erläuterung:

- ⇨ Warenlager: Güter
- ⇨ Handelsbuch: Positionen
- ⇨ Preis auf den Waren, Eurozeichen neben den Forderungen: wirtschaftlicher Wert
- ⇨ Polizisten: Schutz der Rechtsordnung

Problem:

„Begriff des „Vermögens“?“[116]

15.11 Vermögensschaden

Def. ⇨ Es ist durch einen **Vergleich** zwischen dem Vermögensstand vor und nach der Vermögensverfügung zu ermitteln, ob eine nachteilige **Vermögensdifferenz** eingetreten ist, ohne dass diese Einbuße durch ein **unmittelbar** aus der Vermögensverfügung fließendes **Äquivalent** wirtschaftlich voll ausgeglichen wird, ob das Opfer also im Ergebnis **ärmer** geworden ist.

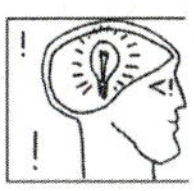

Auslieferung einer Ware

Der Händler liefert eine Ware aus, im Laden hat der Kunde zuvor bezahlt, so dass Geld in die Kasse gewandert ist. Das Geld entspricht dem Wert der Ware, was der Händler durch einen Blick in die Kasse bestätigt. Auf seiner Handelstafel an der Wand, auf der ein großes Plus und ein großes Minus zu sehen sind, macht er bei beiden ein Häkchen. Er pfeift zufrieden ein Lied und wirft dem Bettler unten vor dem Fenster sogar eine Münze in seinen Hut.

Erläuterung:

- ⇨ Blick in die Kasse: Vergleich
- ⇨ Handelstafel an der Wand: Vermögensdifferenz
- ⇨ Bezahlung der Ware durch den Kunden bereits im Laden: unmittelbar aus der Vermögensverfügung fließendes Äquivalent
- ⇨ Der Bettler: ärmer (geworden)

116 Hillenkamp BT, Problem Nr. 31; Joecks, § 263 Rn. 71; Diehn, Strafrecht 2, Streitstand 69.

Problem:

„Wann liegt bei Fällen der bewussten Selbstschädigung des Opfers, insbesondere in den Fällen des Spendenbetrugs, ein Vermögensschaden vor?“[117]

15.12 Individueller Schadenseinschlag

Def. ⇨ Bei grundsätzlicher **Gleichheit** von Vermögensab- und zufluss kann eine **Vermögensbeschädigung** dann vorliegen, wenn die angebotene Leistung **nicht** oder **nicht in vollem Umfang** zu dem vertraglich vorausgesetzten **Zweck** oder in **anderer** zumutbarer Weise **verwendet** werden kann, wenn der Erwerber durch die eingegangene Verpflichtung zu **vermögensschädigenden Maßnahmen** genötigt wird oder wenn er infolge der Verpflichtung **nicht mehr** über die Mittel verfügen kann, die zur ordnungsgemäßen **Erfüllung** seiner Verbindlichkeiten oder sonst für eine seinen persönlichen Verhältnissen angemessene **Wirtschafts- oder Lebensführung** unerlässlich sind.

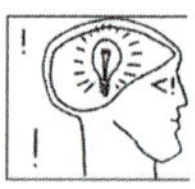

Die Melkmaschine für den Kleinbauern

Er hat das Ungetüm zu einem fairen Preis bestellt (wie man dem Kaufvertrag entnehmen kann), weil der Verkäufer es ihm so sehr angepriesen hatte. Der Bauer hat nun folgende Probleme: Schafe kann die Maschine gar nicht melken und er hat zuwenig Kühe, um die Maschine sonst auszulasten. Ein weiterer Nachteil zeigt sich hinten an der Maschine: Man muss beständig eine Nummer anrufen, die neue, teure Einzelteile liefert. Zudem war die Maschine derart teuer, dass kein Geld mehr in der Vermögenstruhe ist: Es kommen Briefe, die das Schulgeld für die Kinder fordern, seine Frau kocht nur noch Brotsuppe und der Pflug kann nicht erneuert werden.

Erläuterung:

- ⇨ Fairer Preis im Kaufvertrag: Gleichheit von Vermögensabfluss und -zufluss
- ⇨ Probleme des Bauern: Vermögensbeschädigung
- ⇨ Schafe können nicht gemolken werden: nicht oder nicht in vollem Umfang zu dem vorausgesetzten Zweck

[117] Joecks, § 263 Rn. 99, 103; Diehn, Strafrecht 2, Streitstand 72.

- ⇨ Zuwenig Kühe: nicht in anderer zumutbarer Weise zu verwenden
- ⇨ Neue, teure Einzelteile: Zu vermögensschädigenden Maßnahmen genötigt
- ⇨ Leere Vermögenstruhe: nicht mehr über die Mittel verfügen
- ⇨ Briefe wegen des Schulgelds: Erfüllung der Verbindlichkeiten
- ⇨ Brotsuppe: angemessene Wirtschafts- und Lebensführung

Problem:

„Kann in den Spendenbetrugsfällen auch bei Gleichheit von Leistung und Gegenleistung ein Vermögensschaden vorliegen?“[118]

15.13 Bereicherungsabsicht

Def. ⇨ Dem Täter muss es auf die **Erlangung** des Vermögensvorteils ankommen, mag dieser Vorteil von ihm **auch nur als Mittel** zu einem anderweitigen Zweck und damit als Zwischenziel erstrebt werden.

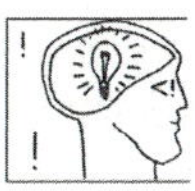

Der listige Zeitungsvertreter

Der Zeitungsvertreter will, dass der ganze Betrag von dem alten Mütterchen überwiesen wird. Er erhält dementsprechend seine Provision (er stellt sich vor, wie das Geld in seiner Hand liegt). Am Ende zählt er genüsslich die Scheine in Höhe von 10 % des Abonnementpreises.

Erläuterung:

- ⇨ Von den alten Mütterchen überwiesen: Erlangung des Vermögensvorteils
- ⇨ Gedanken an die Provision: nur als Mittel zu einem anderen Zweck

Anmerkung: Der geschilderte „Provisionsvertreter“-Fall ist eine typische Konstellation. Der Vertreter will den Betrag nicht im Ganzen für sich, er muss ihn ja abgeben. Der Betrag ist aber für ihn ein notwendiger Zwischenschritt (Siehe die Definition) zur Auszahlung seiner eigenen Provision seitens des Verlags, somit hat er Drittbereicherungsabsicht. Wegen der Täuschung des Verlages über einen ordnungsgemäßen Vertragsschluss kann je nach Konstellation auch noch ein Betrug zu dessen Lasten vorliegen.

[118] Joecks, § 263 Rn. 107; Diehn, Strafrecht 2, Streitstand 72, Hinweis 2.

15.14 Vermögensvorteil in diesem Sinne

Def. ⇨ Dies ist jede **günstigere Gestaltung** der Vermögenslage, gleichgültig, ob diese in einer **Vermehrung** der Aktivposten, im **Nichterbringen** einer geschuldeten Leistung oder in der **Befreiung** von einer Verbindlichkeit liegt.

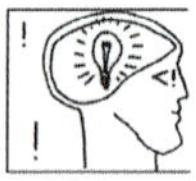

Der Betrüger im Laden

Er hat mehrere Möglichkeiten seine finsteren Taten zu begehen und dadurch letztlich den Stand seines Kontos zu erhöhen: Entweder erschleicht er eine Ware, er bringt den Kassierer dazu eine Forderung nicht zu verlangen oder er lässt sich sogar, mit breitem Grinsen; eine Zahlungsquittung geben, obwohl er nicht gezahlt hat.

Erläuterung:

- ⇨ Stand des Kontos: günstigere Gestaltung der Vermögenslage
- ⇨ Erschleichen der Ware: Vermehrung der Aktivposten
- ⇨ Kassierer verlangt Forderung nicht (Vorzustellen: dessen geschlossener Mund): Nichterbringen einer geschuldeten Leistung
- ⇨ Aushändigen der Zahlungsquittung (siehe: breites Grinsen): Befreiung von einer Verbindlichkeit

15.15 Objektiv rechtswidrig

Def. ⇨ Objektiv rechtswidrig ist der Vorteil, wenn auf ihn **kein rechtlich begründeter Anspruch** besteht.

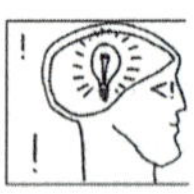

Der Betrüger im Laden: Das Glück verlässt ihn

Der herbeigerufene Polizist hält den Betrüger am Kragen fest, schlägt im BGB nach und findet nichts, wonach der Betrüger die Ware behalten könnte.

Erläuterung:

- ⇨ Das vergebliche Nachschlagen im BGB: kein rechtlich begründeter Anspruch

15.16 Unmittelbar (Siehe auch den Begriff der „Stoffgleichheit")

Def. ⇨ Der Vorteil muss unmittelbar zu Lasten des geschädigten Vermögens gehen, er muss also gewissermaßen die **Kehrseite** des Schadens bilden, Schaden und Vorteil müssen durch **ein und dieselbe Vermögensverfügung** vermittelt werden.

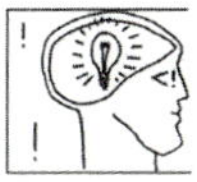

Die überreichte Münze

Die beiden Seiten einer Münze sind gleich groß. Man kann Vorder- und Rückseite wegen ihres Zusammenhangs nur zusammen (eben in Form der Münze) überreichen.

Erläuterung:

⇨ Gleich große Seiten: Kehrseite

⇨ Zusammenhang zwischen Vorder- und Rückseite: durch ein und dieselbe Vermögensverfügung

15.17 Gewerbsmäßig

Def. ⇨ Wie BT II, 4.11 (Zu § 243 StGB)

15.18 Vermögensverlust großen Ausmaßes

Def. ⇨ Dieser liegt erst **ab 50.000 €** vor.

Zahlen und Buchstaben

Die 5 sieht einem S ähnlich, die 0 einem O: „Soooo ...", murmelt der Bankdirektor ganz in Gedanken, bevor er erschrocken und mit offenem Mund das Fehlen des zuvor von einem Bankbetrüger erschlichenen Geldes bemerkt. Es handelt sich um ein ganzes Nettojahresgehalt des Direktors.

Erläuterung:

⇨ Soooo: 50.000 (€)

Anmerkung: Hier keine Angst, dass man ja auch denken könnte, es wären 5.000 €, weil man sich über die Größenordnung (Also die Zahl der Oooos) nicht mehr im Klaren ist. Viel wichtiger ist die 5, an 50.000 statt 5.000 erinnert man sich stets, weil eine zehnfach größere Summe schon rein gefühlsmäßig ganz anders wahrgenommen wird. Zudem hat man ja auch noch den Anhaltspunkt mit dem Jahresgehalt.

16. Computerbetrug (§ 263a StGB)

16.1 Sache von bedeutendem Wert

Def. ⇨ Der **objektive Verkehrswert** ist erforderlich, eine Höhe von **mindestens 750 €** muss erreicht werden.

Anmerkung: Für eine passende Geschichte siehe BT I, 29.4 (§ 315c StGB: „Fremde Sache von bedeutendem Wert“).

16.2 Daten

Def. ⇨ Dies sind **codierte Informationen**.

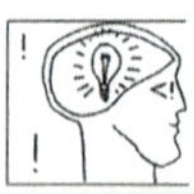

Programmierer etc.

Computerbetrüger haben oft Programmiererfahrung. Programmierer knacken auch zuweilen Codes. Hierzu müssen die Informationen aber erst einmal codiert sein.

Anmerkung: Hier wieder eine neue Art der Einprägung über eine logische Folge von typischen Zusammenhängen: Computerbetrug - Programmierer - Code knacken - codierte Information. Man hangelt sich also von einer Assoziation zur nächsten wie bei einer Kette bis zur Bedeutung vor.

16.3 Datenverarbeitung

Def. ⇨ Hierzu gehören alle technischen Vorgänge, bei denen durch **Aufnahme** von Daten und ihre **Verknüpfung** nach Programmen bestimmte **Arbeitsergebnisse** erzielt werden.

Die typische Datenverarbeitung

Man gibt Daten in den Computer ein, verschiedene Programme verbinden sie. Am Ende gibt der Computer in einer Zeile ein Ergebnis aus.

Erläuterung:

- ⇨ Eingabe der Daten: Aufnahme von Daten
- ⇨ Verbindung durch die Programme: Verknüpfung nach Programmen
- ⇨ Ergebniszeile auf dem Bildschirm (oder vielleicht, obwohl weniger lebensnah, doch „griffiger“: Auf einem ausgedruckten Zettel): Arbeitsergebnisse

16.4 Beeinflussung eines Datenverarbeitungsvorganges

Def. ⇨ Ein Datenverarbeitungsvorgang wird beeinflusst, wenn eine der im Gesetz genannten Tathandlungen in den Verarbeitungsvorgang des Computers **Eingang** findet, seinen Ablauf **mitbestimmt** und eine Vermögensdisposition **auslöst**. Die Beeinflussung kann auch in einem **Anstoßen oder Auslösen** des Vorganges liegen.

Der Hacker mit dem Laptop am Geldautomaten

Er hat über ein Kabel Zugang zum System, ändert den Lauf des Datenstroms und bewirkt eine Geldauszahlung. Manchmal muss er das System des Geldautomaten durch Druck auf einen Knopf erst selbst starten, bevor er ins System gelangen kann.

Erläuterung:

- ⇨ Das Kabel: in den Verarbeitungsvorgang Eingang findet
- ⇨ Änderung des Datenstroms: Ablauf mitbestimmt
- ⇨ Geldauszahlung (er hält das Geld in den Händen): Vermögensdisposition auslöst
- ⇨ Druck auf den Knopf: Anstoßen oder Auslösen des Vorgangs

16.5 Unbefugte Verwendung

Def. ⇨ Das Merkmal ist **betrugsspezifisch** zu verstehen, es ist also Täuschungsäquivalenz erforderlich.

Erläuterung:

⇨ „un**befugt**" klingt wie „**Betrug**".

Anmerkung: Auch hier wieder eine neue Untermethode, diesmal lautspezifisch. So lässt sich aber nur selten vorgehen.

Problem:

„Auslegung des Merkmals „unbefugt"?"[119]

17. Erschleichen von Leistungen (§ 265a StGB)

17.1 Erschleichen

Def. ⇨ Dies ist ein Verhalten, dass den Charakter des **Verheimlichens** oder der Erweckung des **Anscheins** einer ordnungsgemäßen Benutzung aufweist.

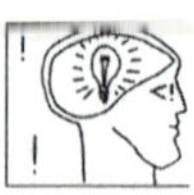

„Fahrscheinkontrolle!"

Ein Fahrgast versteckt sich unter dem Sitz, der andere hält seine bereits früher entwertete Karte demonstrativ im ganzen Zug hoch.

Erläuterung:

⇨ Verstecken: Verheimlichen

⇨ Entwertete Karte: Anschein einer ordnungsgemäßen Benutzung

Problem:

„Genaue Definition des „Erschleichens"?"[120]

---

[119] Diehn, Strafrecht 2, Streitstand 73.

[120] Joecks, § 265a Rn. 9; Diehn, Strafrecht 2, Streitstand 74.

17.2 Spezialfall der Beförderungs- oder Zutrittserschleichung

Def. ⇨ Dies setzt ein Verhalten voraus, das sich entweder mit dem **äußeren Anschein** der Ordnungsmäßigkeit umgibt oder die vorhandenen Kontrollmaßnahmen **umgeht** oder **ausschaltet.**

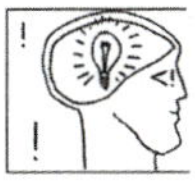

U-Bahn mit Zugangsschranken

Ein Fahrgast stempelt mit einer alten Karte, ein anderer kriecht unter der Schranke hindurch, der letzte legt die Schranke lahm und geht hindurch.

Erläuterung:

- ⇨ Stempeln mit einer alten Karte: äußerer Anschein der Ordnungsmäßigkeit
- ⇨ Hindurchkriechen unter der Schranke: Umgehung der Kontrollmaßnahmen
- ⇨ Lahmlegen der Schranke: Ausschalten der Kontrollmaßnahmen

18. Räuberische Erpressung (§§ 253, 255 StGB)

18.1 Gegenwärtig

Def. ⇨ Eine Gefahr ist gegenwärtig, wenn das **Umschlagen** in eine Verletzung **unmittelbar bevorsteht** oder wenn bei natürlicher **Weiterentwicklung** der Dinge der Eintritt eines **Schadens sicher** oder doch **höchstwahrscheinlich** ist, falls nicht **alsbald Abwehrmaßnahmen** ergriffen werden, wenn also der ungewöhnliche Zustand nach menschlicher Erfahrung und natürlicher Weiterentwicklung der gegebenen Sachlage **jederzeit** in einen Schaden **umschlagen** kann.

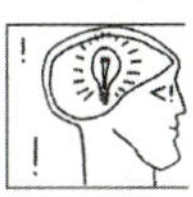

Beim Juwelier

Es wird eine Pistole vorgehalten, der Erpresser zählt rückwärts auf Null. Bei Null würde er zumindest mit dem Pistolengriff zuschlagen. Sein Komplize hat ein Beil und seine Hand zuckt bereits. Noch einige Zeit ohne die Beute und er wird, wie er es auch selbst ankündigt, sicher alles zerschlagen. Falls die Polizei nicht bald kommt, kann aus dem geordneten Laden schnell eine Trümmerbude werden.

Erläuterung:

- ⇨ Rückwärtszählen mit Pistole: steht unmittelbar bevor
- ⇨ Zuschlagen mit dem Pistolengriff: Umschlagen
- ⇨ Der Zuckende mit dem Beil: Schaden sicher oder höchstwahrscheinlich
- ⇨ Noch einige Zeit ohne die Beute: bei natürlicher Weiterentwicklung
- ⇨ Falls nicht bald die Polizei kommt: falls nicht alsbald Abwehrmaßnahmen ergriffen werden
- ⇨ Trümmerbude: jederzeit in einen Schaden umschlagen

Anmerkung: Hier erkennt man ebenso die Nähe zur konkreten Gefahr im Polizeirecht, kann also vielleicht das dort Gelernte auch bei dieser Definition wenigstens unterstützend anwenden.

19. Erpresserischer Menschenraub (§ 239a StGB)

19.1 Entführen

Def. ⇨ Wie BT I, 11.1 (Zu § 239b StGB)

19.2 Sich-Bemächtigen

Jemand bemächtigt sich eines anderen Menschen, wer ihn zwecks **Benutzung als Geisel physisch** in seine Gewalt bringt oder eine schon **bestehende Gewalt** so verändert, dass es zu einer erheblichen **Minderung der Geborgenheit** des Opfers kommt.

Anmerkung: Wie schon BI I, 11.2 (Zu § 239b StGB). Die Minderung der Geborgenheit merkt man sich zusätzlich, bei Bedarf auch mit einem eigenen Bild (z.B.: Verstecken einer Decke; auf dem Boden schlafen; etc. ...).

Problem:

„Einschränkende Auslegung des Merkmals in Zweipersonenverhältnissen?“[121]

[121] Diehn, Strafrecht 2, Streitstand 78.

20. Untreue (§ 266 StGB)

20.1 Missbrauch

Def. ⇨ Der Täter **überschreitet bewusst** im Rahmen seines rechtsverbindlich wirkenden **Könnens** die Grenzen des im Innenverhältnis einzuhaltenden rechtlichen **Dürfens**.

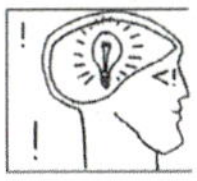

Der feine Prokurator mit der noch feineren Aktentasche

Der Prokurator der Firma mit seiner feinen Aktentasche verkauft alle Fabrikhallen (lächelnd zeigt er auf die etwas entfernt stehenden Gebäude), er durfte im Innenverhältnis aber nur die alten Schränke verkaufen (in seiner Aktentasche ist eine Probeschublade). Er träumt schon von seiner Flucht in die Karibik.

Erläuterung:

- ⇨ Traum von der Flucht: überschreitet bewusst
- ⇨ Er zeigt auf die Fabrikhallen: im Rahmen des rechtlichen Könnens
- ⇨ Probeschublade: das Dürfen im Innenverhältnis

20.2 Missbrauchstatbestand und Vermögensbetreuungspflicht

Def. ⇨ Gegenstand dieser Vermögensbetreuungspflicht ist die **Geschäftsbesorgung** für einen anderen in einer **nicht ganz unbedeutenden** Angelegenheit mit einem Aufgabenkreis von einigem **Gewicht** und einem gewissen Grad von **Verantwortlichkeit**.

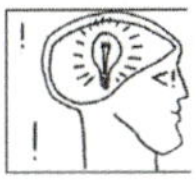

Der feine Prokurator: Die vorherige Anweisung

Sein Vorgesetzter hatte dem Prokurator in dessen Büro noch gesagt, dass er nur die Schränke verkaufen solle. Im Jahresbericht der Firma (Kreisdiagramm) machen diese mehr als die Hälfte des Umsatzes aus. Auf dem Weg zum Kunden ist seine Aktentasche schwer von der Schublade, er trägt auch schwer an ihr und an der Verantwortung.

Erläuterung:

- ⇨ Er hat die Schränke zu verkaufen: Geschäftsbesorgung
- ⇨ Kreisdiagramm, mehr als halb gefärbt: nicht ganz unbedeutende Angelegenheit
- ⇨ Schwere Aktentasche: von einigem Gewicht
- ⇨ Schwere Verantwortung: gewisser Grad von Verantwortlichkeit

20.3 Treuebruchstatbestand und Vermögensbetreuungspflicht

Def. ⇨ Hier muss die Wahrnehmung fremder Vermögensinteressen den typischen und **wesentlichen Inhalt** des rechtlich begründeten oder faktisch bestehenden **Treueverhältnisses** bilden, also dessen **Hauptgegenstand** und nicht eine bloße Nebenpflicht sein.

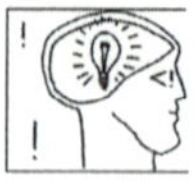

Der Vermögensverwalter

Der Vermögensverwalter in seinem Loft unterschreibt den Vertrag mit dem Investorenteam aus China. Er soll in erster Linie das überbrachte Geld verwalten und vermehren. Mit einem Handschlag wird alles noch einmal besiegelt, er trägt den Geldsack in eine Ecke seines Lofts.

Erläuterung:

- ⇨ Vertragsunterschrift: wesentlicher Inhalt
- ⇨ Handschlag: Treueverhältnis
- ⇨ Geldsack: Hauptgegenstand

21. Mißbrauch von Scheck- und Kreditkarten (§ 266b StGB)

21.1 Kreditkarten

Def. ⇨ Dies sind nur Karten im sogenannten **„Drei-Partner-System“**, es muss also eine **Garantie** seitens der Bank gegeben sein.

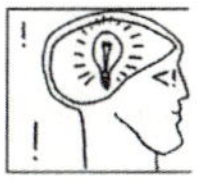

Die Karte hat einen goldenen Chip neben dem Geldchip.

Erläuterung:

⇨ Gold: Garantie

Anmerkung: Das Bild wurde gewählt, weil Gold grundsätzlich für seine Wertbeständigkeit bekannt ist und somit diesbezüglich Konstanz „garantiert".

Problem:

„Ist § 266b I StGB gegeben, wenn die Scheckkarte zur Abhebung an Automaten anderer Geldinstitute verwendet wird?"[122]

22. Begünstigung (§ 257 StGB)

22.1 Hilfeleisten

Def. ⇨ Genügend ist, dass die Tathandlung **objektiv geeignet** ist, die durch die Vortat erlangten oder entstandenen Vorteile zu sichern, und zwar dagegen, dass sie dem Vortäter **zugunsten des Verletzten** entzogen werden.

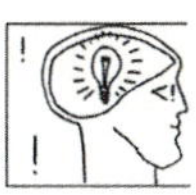

Das Verstecken der Beute

Die Beute wird in dem runden Eichenholzschrank verwahrt. Die Polizei klingelt zwar an der Tür, sie geht aber an dem Schrank vorbei, weil er so unauffällig ist. Die Polizei hätte die Beute mitgenommen und dem Bestohlenen umgehend wiedergegeben.

Erläuterung:

⇨ Verwahren der Beute: objektiv geeignet

[122] Hillenkamp BT, Problem Nr. 36; Allgemein und weiterführend Joecks, § 266b Rn. 14 f.; zum Streitstand: Diehn, Strafrecht 2, Streitstand 79.

⇨ Unauffälliger Schrank: Vorteile zu sichern

⇨ Potentielle Rückgabe durch die Polizei: dem Vortäter zugunsten des Verletzten entzogen

23. Hehlerei (§ 259 StGB)

23.1 Sich oder einem Dritten verschafft

Def. ⇨ Die Tathandlung muss in der bewussten und gewollten **Übernahme** der **tatsächlichen Verfügungsgewalt** zu **eigenen Zwecken** im Wege des **abgeleiteten Erwerbs** und des einverständlichen **Zusammenwirkens** mit dem **Vortäter** oder dem sonstigen Vorbesitzer bestehen.

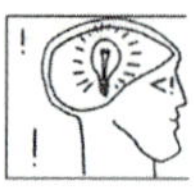

Die Freude des Hehlers

Der Hehler kauft die Beute vom Dieb. Er nimmt sie in die Hand und hält sie triumphierend hoch. Der Dieb reicht ihm noch einen Beutel dafür, die beiden geben sich die Hand, lachen herzlich und gehen getrennter Wege.

Erläuterung:

⇨ Nimmt sie in die Hand: Übernahme

⇨ Triumphierendes Hochhalten: tatsächliche Verfügungsgewalt zu eigenen Zwecken

⇨ Noch ein Beutel dafür: abgeleiteter Erwerb

⇨ Handschütteln: einverständliches Zusammenwirken mit dem Vortäter

23.2 Einverständliches Zusammenwirken

Def. ⇨ Das einverständliche **Geben und Nehmen** muss darauf gerichtet sein, dem Erwerber eine vom Vorbesitzer unabhängige, **eigentümergleiche Verfügungs**- oder Mitverfügungsgewalt über die Sache zu **eigenen Zwecken** zu verschaffen.

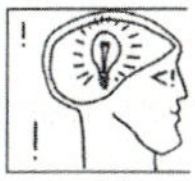

Die Freude des Hehlers: Fortsetzung

Nach dem Schütteln der Hände übergab der Dieb, der dafür in seinen Rucksack griff, dem Hehler noch ein Eigentümerzertifikat, das den Hehler fälschlich als wahren Eigentümer ausweist. Er kann nun mit der Sache tun, was er will. Zunächst legt er sie in seinen Safe und wartet.

Erläuterung:

⇨ Übergabe einer weiteren Sache aus dem Rucksack: Geben und Nehmen

⇨ Falsches Eigentümerzertifikat: eigentümergleiche Verfügungsgewalt

⇨ Er legt die Sache in seinen Safe: zu eigenen Zwecken

Problem:

„Führt auch ein mit Willensmängeln (Täuschung oder Drohung) behaftetes Einvernehmen für den Sichverschaffenden zu § 259 I StGB?“[123]

23.3 Absetzen

Def. ⇨ Dies meint das **Unterstützen** eines anderen beim **Weiterverschieben** der bemakelten Sache durch **selbständiges** Handeln, der Täter wird also für **fremde Rechnung**, aber in **eigener Regie** tätig. Ein **Absatzerfolg ist hierbei erforderlich**.[124]

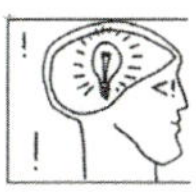

Autoschlüssel für den Hehler

Der Dieb fährt mit einem gestohlenen Auto vor, steigt aus, gibt dem wartenden Hehler die Autoschlüssel und einen Zettel mit einer ungefähren Preisvorstellung. Der Hehler soll den Wagen verkaufen unter Einbehalt von 10 Prozent Provision. Er fährt an einen nur ihm bekannten Ort, trifft sich dort mit zwielichtigen Gestalten, verhandelt angestrengt. Schließlich kommt es zum Deal und der Hehler übergibt die Autoschlüssel.

---

123 Diehn, Strafrecht 2, Streitstand 81.

124 Die Rechtsprechung folgt nunmehr der h.L. und nahm Abstand von der früheren Rechtsprechung, nach welcher eine bloße Absatzhandlung ausreichend war, vgl. BGH, Anfragebeschluss vom 14.05.2013 – 3 StR 69/13 = **Life&Law 2014, 24 ff.**

Erläuterung:

- ⇨ Autoschlüssel und Preisvorstellung: Unterstützen beim Weiterverschieben
- ⇨ Er fährt selbst an einen Ort: selbstständiges Handeln
- ⇨ Angestrengtes Verhandeln: in eigener Regie
- ⇨ Potentielles Abliefern des Geldes: für fremde Rechnung
- ⇨ Deal kommt zustande: Absatzerfolg nötig

Problem:

„Ist hierfür ein Absatzerfolg nötig?“[125]

23.4 Absetzenhelfen

Def. ⇨ Absetzenhelfen bedeutet die **weisungsabhängige**, unselbständige Unterstützung, die dem Vortäter bei dessen Absatzbemühungen gewährt wird.

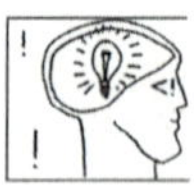

Autoschlüssel für den Hehler: Kein Glück am Dunklen Markt

Der Hehler findet keinen Käufer. Der Dieb lässt sich die Schlüssel wieder geben, der Hehler soll ihn nun bei dem Verkauf nur begleiten und, mit einem wichtigen Hut auf dem Kopf, seinen Verhandlungsgehilfen spielen. Der Deal gelingt nun, wäre aber beinahe geplatzt.

Erläuterung:

- ⇨ Der Hut des Verhandlungsgehilfen: weisungsabhängig

[125] Hillenkamp BT, Problem Nr. 40; Diehn, Strafrecht 2, Streitstand 84; Joecks, § 259 Rn. 23.

24. Geldwäsche (§ 261 StGB)

24.1 Herrühren

Def. ⇨ Erfasst ist auch eine **Kette** von Verwertungshandlungen, bei der der ursprüngliche Gegenstand unter **Beibehaltung seines Werts** durch einen anderen **ersetzt** wird, zugrundezulegen ist eine **wirtschaftliche Betrachtungsweise**.

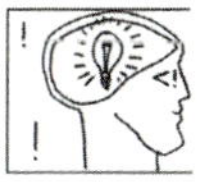

Der Lauf des Geldes

Das zu waschende Geld wandert von einem Kasino zum nächsten, es wird zu Chips und wieder zu Geld und so weiter. Der Chipstapel auf dem Casinotisch ist trotzdem immer gleich hoch. Ein Buchhalter kommt beizeiten vorbei und berechnet den Wert der Chips, den er in ein großes, ledergebundenes Handelsbuch einträgt.

Erläuterung:

- ⇨ Chips zu Geld zu Chips: Kette von Verwertungshandlungen
- ⇨ Chipstapel bleibt gleich hoch: Unter Beibehaltung des Wertes ersetzt
- ⇨ Das Handelsbuch des Buchhalters: wirtschaftliche Betrachtungsweise

24.2 Gefährden des Auffindens

Def. ⇨ Hierfür wird das Herbeiführen einer **konkreten Gefahr** verlangt, das **Bemühen** des Täters muss zur Erreichung des Erfolgs **konkret geeignet** sein.

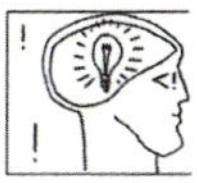

Wanderung nach Kreta

Bildlich zum Schluss: Das Geld wandert nach Kreta. Mit entspanntem Blick und von allen Mühen befreit versteckt es der Täter dort unter einer Eiche.

Erläuterung:

- ⇨ Kreta: konkrete Gefahr

⇨ Entspannter Blick, von allen Mühen befreit: Bemühen des Täters

⇨ Vergraben unter einer Eiche: konkret geeignet (Eiche - geeignet)

Schlusswort

Ich hoffe, dass sich meine Vorhersage, die Anwendung der Methode würde mit der Zeit automatischer und leichter gehen, auch beim Leser bereits nach einer kurzen Weile bewahrheitet hat. Die Methode ist im Grunde universell und kann, wie bereits in der Einführung angesprochen, auch für komplexere Themen wie Streitstände und dazugehörige Argumentationsketten verwendet werden.

Noch sehr viel Erfolg bei den Klausuren und im Examen, im besten Fall auch dank dieses Buchs, wünscht

Simon Reinhard

8.2 Gegenwärtig (326 StGB)

Def. ⇨ Der Begriff ist hier weiter als beispielsweise bei § 32 StGB, er umfasst auch eine **nicht unmittelbar bevorstehende** Gefahr, wenn die Gefahr jederzeit als Dauergefahr in eine Schädigung **umschlagen** oder der Schaden ohne sofortige Abwehrmaßnahmen **voraussichtlich nicht mehr abgewendet** werden kann.

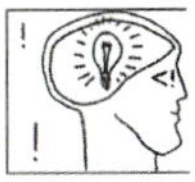

Hinterhalt in den Bergen

In den Bergen. Ein Übeltäter droht eine tödliche Lawine auszulösen, wenn nicht seinen Gehilfen unten die Beute ausgehändigt wird. Die Opfer können sich nur retten, indem sie sofort beiseite springen und sich aus dem Bereich der potentiellen Lawine hinter einen Felsen begeben. Sie flüchten dann, nur nach vorne schauend, begleitet von lauten Flüchen des „Hinterhältlings".

Erläuterung:

⇨ Die Lawine: *Gefahr für Leib oder Leben*

⇨ Die Unberechenbarkeit dieser Schneewalze, die jederzeit ins Tal gehen kann: *Dauergefahr*

⇨ Das schnelle Flüchten der Überfallenen: die notwendigen *sofortigen Abwehrmaßnahmen*

⇨ Sie schauen bei der Flucht nur nach vorne und wenden sich nicht mehr um: *„Voraussichtlich"* (also die Notwendigkeit einer Prognose bezüglich der Notwendigkeit der Abwehrmaßnahmen)

9. Schwerer Raub (§ 250 StGB)

9.1 Beisichführen

Def. ⇨ Wie BT II, 5.2 (Zu § 244 StGB)

9.2 Waffe

Def. ⇨ Wie BT II, 5.1 (Zu § 244 StGB)

9.3 Sonstige Werkzeuge oder Mittel

Def. ⇨ Wie BT II, 5.5 (Zu § 244 StGB)

9.4 Schwere Gesundheitsschädigung

Def. ⇨ Hierfür ist ausreichend, wenn der Geschädigte **erheblich verstümmelt**, für immer oder für längere Zeit **auffallend entstellt**, im Gebrauch seines **Körpers** oder seiner **Sinne**, in seiner **Fortpflanzungsfähigkeit**, seinen **seelischen Kräften** oder seiner **Arbeitsfähigkeit erheblich beeinträchtigt** wird oder in eine **lebensbedrohende**, eine **qualvolle** oder eine **ernste und langwierige Krankheit** verfällt, insgesamt reicht eine schwere Folge i.S.d. **§ 226 StGB** in **jedem Fall** aus.

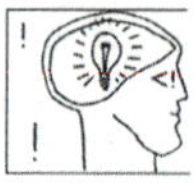

Das Piratenschiff

Blick auf ein Piratenschiff aus alter Zeit, die Besatzung hat bereits Einiges hinter sich: Oben im Ausguck ist der Einbeinige, unter seinem dunklen Piratentuch zieht sich eine lange, hässliche Narbe rechts über sein Gesicht. Unten am Mast: Links liegen bei den Netzen einige Matrosen mit von der Arbeit krummen Rücken und vom Meersalz verkrusteten Augen.

Die Tür zur Kombüse bewacht ein alter Köter (kastriert), der mit depressivem Blick zum Himmel schaut, zu keiner echten Wachhundtätigkeit mehr zu gebrauchen. Unter Deck in den Mannschaftsquartieren: Es liegen Kranke auf den Betten, einige mit entzündeten Beinwunden, die sehr schmerzen, gegenüber andere mit hohem Fieber, das zum Teil schon Wochen dauert.

Der Kapitän, auf Deck am Steuer, denkt an all dies und die Folgen des Piratenlebens, und zieht ernsthaft in Erwägung, friedlich in Pension zu gehen …

Erläuterung:

Die Hinweise sind, denke ich, auch bei dieser längeren Definition, gut zu behalten, weil man sie auch aus vielen Piratenfilmen (vielleicht bis auf den Hund) kennt:

- ⇨ Der Einbeinige: Erhebliche Verstümmelung
- ⇨ Seine Gesichtsnarbe: Auffallend entstellt